이렇게만 준비하면 끝!
한자능력검정시험
7급

漢
字
能
力

동양books

이렇게만 준비하면 끝!
한자능력 검정시험 7급

개정 13쇄 | 2019년 9월 5일

지은이 | 장개충
발행인 | 김태웅
편집장 | 강석기
편　집 | 권민서
디자인 | 방혜자, 김효정, 서진희, 강은비
마케팅 총괄 | 나재승
제　작 | 현대순

발행처 | 동양북스
등　록 | 제 10-806호(1993년 4월 3일)
주　소 | 서울시 마포구 동교로22길 14 (04030)
구입문의 | 전화 (02)337-1737　팩스 (02)334-6624
내용문의 | 전화 (02)337-1763　dybooks2@gmail.com

ISBN 978-89-8300-677-6　13710

▶ 본 책은 저작권법에 의해 보호받는 저작물이므로 무단 전재와 무단 복제를 금합니다.
▶ 잘못된 책은 구입처에서 교환해 드립니다.
▶ 도서출판 동양북스에서는 소중한 원고, 새로운 기획을 기다리고 있습니다.
　 http://www.dongyangbooks.com

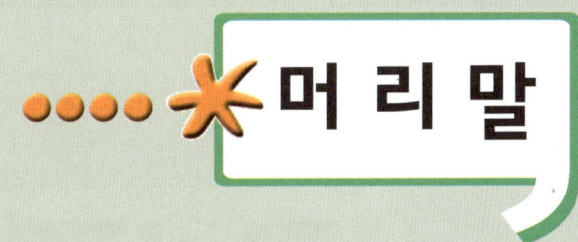

머리말

한글이 창제되기 전, 그리고 그 이후로도 오랫동안 우리 민족은 중국의 한자를 빌어 우리의 사상과 문화를 표현하고 기록하였다. 더불어 반 만 년 역사를 놓고 볼 때 한글이 한자를 대신한 지도 그리 오래된 일이 아니다.

저명한 역사학자 카(E. H. Carr)는 과거를 통해 현재를 본다고 했다. 즉 우리의 현재는 과거를 통해서 존재하는 것이며, 우리의 과거는 거의 대부분이 한자로 기록되어 있다. 이렇게 볼 때 한자를 외면하고는 우리의 현재를 지탱할 수 없는 것이다.

물론 한글은 세계에서 그 유래를 찾아보기 힘든 우수한 문자이다. 하지만 한글로 표기되는 우리말 가운데 70% 이상이 한자어로 되어 있다는 사실은, 한자가 얼마나 중요한지를 여실히 보여주는 예이다.

또한 전세계 인구의 4분의 1에 육박한다는 중국과 세계 양대 경제대국 중 한편을 차지하고 있는 일본이 한자를 사용한다는 사실에서도 한자 교육의 필요성은 아무리 강조해도 지나치지 않을 것이다.

한편 과거 한 때 한자 교육을 외면함으로써 그 부작용의 일면을 경험한 예도 반면교사로 삼을 수 있을 것이다.

이런 여러 가지 이유로 요즘은 학교에서도 한자 교육을 강화하는 실정이고, 대학 입학이나 각종 국가 및 기업체 시험에서도 한자 능력이 유리하게 작용하도록 제도화해 가는 실정이다.

이에 중국어와 일본어 교육의 선두 주자로서 그 동안 우리 나라 한자 교육에 열의를 갖고 좋은 교재 개발에 전념해 온 동양북스에서는 효과적인 한자 학습과 〈한자능력검정시험〉에 유용하도록 급수별 한자 학습 시리즈를 펴내게 되었다. 한자의 기본에서 시험 대비까지 재미있고 알차게 학습할 수 있어 좋은 성과를 거둘 수 있으리라 확신한다.

동양북스 편집부

7급 구성과 특징

1. 본문 구성 내용

- 해당 한자의 어원 및 설명
- 7급 배정단어 만을 선정하여 해설하였고 활용단어를 따로 정리 하였다
- 훈
- 음
- 연상하기 쉬운 그림으로 구성
- 7급 시험까지는 쓰기 문제가 없지만, 한자 학습의 가장 기본이 되는 한자이면서, 6급부터의 쓰기 문제에 포함되므로 꼭 익혀 두어야 한다.

2. 플래시 카드(7급 배정한자 100 매)

점선을 따라 절취한 플래시 카드를 활용하면 8급 배정한자를 보다 손쉽게 암기할 수 있다.

3. 확인학습 문제(10회)와 실전모의테스트(3회)

출제되었던 문제들을 면밀히 분석한 예상문제를 통해, 실전에 임했을 때 아무런 두려움없이 문제를 해결할 수 있도록 실제 문제와 똑같은 형식으로 구성하였다.

순 서

- 머리말   3
- 구성과 특징   4
- 8·7급 배정한자 찾아보기   6
- 전국한자능력검정시험에 대해   8
- 한자의 3요소   10
- 한자의 부수   12
- 영(永)자팔법   14
- 한자의 육서(六書)   16
- 한자의 필순(筆順)   19
- 자전 찾기   22

- 8급 한자 복습하기   23
- 7급 한자 공부하기   37
- 실전 모의테스트(3회)   165
- 실전 모의테스트 답안지   175
- 정답편   181

8급 배정 한자 찾아보기

31p 校 학교 교	26p 母 어미 모	29p 小 작을 소	27p 弟 아우 제
31p 敎 가르칠 교	30p 木 나무 목	30p 水 물 수	28p 中 가운데 중
26p 九 아홉 구	35p 門 문 문	32p 室 집·방 실	31p 靑 푸를 청
33p 國 나라 국	34p 民 백성 민	26p 十 열 십	36p 寸 마디 촌
33p 軍 군사 군	31p 白 흰 백	25p 五 다섯 오	31p 七 일곱 칠
30p 金 쇠 금/성 김	26p 父 아비 부	34p 王 임금 왕	30p 土 흙 토
28p 南 남녘 남	28p 北 북녘 북/달아날 배	35p 外 바깥 외	25p 八 여덟 팔
34p 女 계집 녀	24p 四 넉 사	29p 月 달 월	31p 學 배울 학
34p 年 해·나이 년	35p 山 메 산	24p 二 두 이	33p 韓 나라이름·성 한
28p 大 큰 대	24p 三 석 삼	33p 人 사람 인	27p 兄 맏·형 형
27p 東 동녘 동	32p 生 날·살 생	24p 一 한 일	29p 火 불 화
25p 六 여섯 륙	27p 西 서녘 서	29p 日 날 일	
35p 萬 일만 만	32p 先 먼저 선	36p 長 길·어른 장	

7급 배정 한자 찾아보기

38p 歌 노래 가	62p 登 오를 등	86p 上 위 상	110p 育 기를 육	134p 千 일천 천
39p 家 집 가	63p 來 올 래	87p 色 빛 색	111p 邑 고을 읍	135p 川 내 천
40p 間 틈·사이 간	64p 力 힘 력	88p 夕 저녁 석	112p 入 들 입	136p 天 하늘 천
41p 江 강 강	65p 老 늙을 로	89p 姓 성씨 성	113p 子 아들 자	137p 草 풀 초
42p 車 수레 거/차	66p 里 마을 리	90p 世 인간 세	114p 字 글자 자	138p 村 마을 촌
43p 工 장인 공	67p 林 수풀 림	91p 少 적을·젊을 소	115p 自 스스로 자	139p 秋 가을 추
44p 空 빌 공	68p 立 설 립	92p 所 바·곳 소	76p 場 마당 장	140p 春 봄 춘
45p 口 입 구	69p 每 매양 매	93p 手 손 수	117p 全 온전 전	141p 出 날 출
46p 氣 기운 기	70p 面 낯 면	94p 數 셈 수	118p 前 앞 전	142p 便 편할 편 똥·오줌 변
47p 記 기록할 기	71p 名 이름 명	95p 市 저자 시	119p 電 번개 전	143p 平 평평할 평
50p 旗 깃발 기	74p 命 목숨 명	98p 時 때 시	122p 正 바를 정	146p 下 아래 하
51p 男 사내 남	75p 文 글월 문	99p 食 밥·먹을 식	123p 祖 할아비 조	147p 夏 여름 하
52p 內 안 내	76p 問 물을 문	100p 植 심을 식	124p 足 발 족	148p 漢 한나라·물이름 한
53p 農 농사 농	77p 物 물건 물	101p 心 마음 심	125p 左 왼 좌	149p 海 바다 해
54p 答 대답할 답	78p 方 모 방	102p 安 편안 안	126p 主 주인 주	150p 花 꽃 화
55p 道 길 도	79p 百 일백 백	103p 語 말씀 어	127p 住 머무를·살 주	151p 話 말씀 화
56p 冬 겨울 동	80p 夫 남편·지아비 부	104p 然 그럴 연	128p 重 무거울 중	152p 活 살 활
59p 同 한가지 동	81p 不 아닐 부/불	105p 午 낮 오	129p 地 땅 지	153p 孝 효도 효
58p 洞 고을 동	82p 事 일 사	106p 右 오른 우	130p 紙 종이 지	154p 後 뒤 후
59p 動 움직일 동	83p 算 셈 산	107p 有 있을 유	131p 直 곧을 직	155p 休 쉴 휴

 전국한자능력검정시험이란?

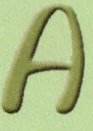 전국한자능력검정시험(全國漢字能力檢定試驗)은 사단법인 한국어문회가 주관하여 한국한자능력검정회가 1992년 12월 19일 1회 시험을 시행한 이래 매년 3회의 시험을 시행하는 국내 최고의 한자능력검정시험이다.

전국한자능력검정시험은 시행 이래 현재까지 꾸준한 발전을 거듭하였고, 2001년 1월 1일자로 교육인적자원부의 "국가공인자격증"으로 인증받음으로써, 한자 학습자의 학습 의욕을 한층 고취시켰다. 전국한자능력검정시험은 개인별 한자능력에 대한 객관적인 급수 평가가 부여될 뿐 아니라 사회적으로도 한자능력 우수 인재를 양성함에 목적이 있다.

전국한자능력검정시험은 8급에서 4급Ⅱ까지를 교육급수로, 4급에서 1급까지를 공인급수로 구분하고 있으며, 시험에 합격한 초·중·고 재학생은 그 내용이 수행평가 및 생활기록부에 등재되고, 대학 수시 모집 및 특기자 전형지원, 대입 면접 가산·학점 반영·졸업 인증 등의 혜택이 주어지고, 기업체에서는 입사·승진·인사고과 등에 반영이 되고 있다.

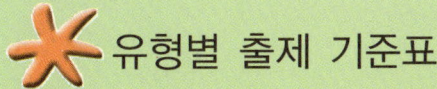

유형별 출제 기준표

문제유형	8급	7급	6급Ⅱ	6급	5급	4급Ⅱ	4급	3급Ⅱ	3급	2급	1급
독 음	24	32	32	33	35	35	30	45	45	45	50
훈음쓰기	24	30	29	22	23	22	22	27	27	27	32
한자쓰기	0	0	10	20	20	20	20	30	30	30	40
장 단 음	0	0	0	0	0	0	5	5	5	5	10
반의어/상대어	0	2	2	3	3	3	3	10	10	10	10
완 성 형	0	2	2	3	4	5	5	10	10	10	15
부 수	0	0	0	0	0	3	3	5	5	5	10
동의어/유의어	0	0	0	2	3	3	3	5	5	5	10
동음이의어	0	0	0	2	3	3	3	5	5	5	10
뜻 풀 이	0	2	2	2	3	3	3	5	5	5	10
필 순	2	2	3	3	3	0	0	0	0	0	0
약 자	0	0	0	0	3	3	3	3	3	3	3
읽기 배정한자수	50	150	300	300	500	750	1,000	1,500	1,817	2,355	3,500
쓰기 배정한자수	없음	없음	50	150	300	400	500	750	1,000	1,817	2,005

※ 쓰기 배정한자는 한 두 급수 아래의 읽기 배정한자이거나 그범위 내에 있음.
※ 위의 출제 기준표는 기본지침자료로서, 출제 의도에 따라 변동이 있을 수 있음.

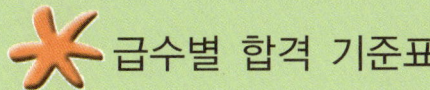

급수별 합격 기준표

구 분	8급	7급	6급Ⅱ	6급	5급	4급Ⅱ	4급	3급Ⅱ	3급	2급	1급
총 문항수	50	70	80	90	100	100	100	150	150	150	200
시험시간(분)	50	50	50	50	50	50	50	60	60	60	90
합 격 점	35	49	56	63	70	70	70	105	105	105	160

※ 1급은 출제 문항수의 80% 이상, 기타 급수는 70% 이상 득점이면 합격.

전국한자능력검정시험에 대해

7급 漢字 | 한자

한자의 3요소 (특징)

우리 한글은 소리 글자(표음문자)인 반면, 한자(漢字)는 뜻글자(표의문자)이다.

이를테면, 우리말은 '나무'란 뜻을 가진 말을 나타낼 때는 '나무'라는 모양으로 쓰고 또 소리도 '나무'라고 읽는다. 그러나, 한자에서는 우선 '木'과 같은 모양으로 쓰고, '목'이라고 읽으며 '나무'란 뜻으로 새긴다.

이처럼 모든 한자는 글자마다 일정한 모양·소리·뜻을 갖추고 있어서 한자 공부라고 하면 이 세 가지를 한 덩어리로 동시에 익히는 일이다.

1 | 한자의 모양(形)

한자가 지닌 일정한 모양으로, 다른 글자와 구별되는 요소이다.
'人'과 '木'자처럼 '사람'이나 '나무' 모양을 본뜬 그림이 발전하여 일정한 모양을 갖는 글자도 있고, 또한 '人(인 : 사람)'과 '木(목 : 나무)'이 서로 결합하여 '休(휴 : 쉬다)'자와 같이 두 자 이상이 모여 이루어진 글자도 있다.

2 | 한자의 소리(음)

'木'을 어떻게 읽는가 하는 것이 '음'이다. 이 글자는 음이 '목'이고, '나무'란 뜻이다.

한자도 1자 1음이 원칙이기는 하나, 1자 2음, 또는 1자 3음도 있다. 예를 들면 '樂'자를 '락'이라고 읽으면 '즐겁다'는 뜻이지만, '악'이라고 읽으면 '노래'란 뜻이 되고, '요'라고 하면 '좋아하다'의 뜻이 된다.

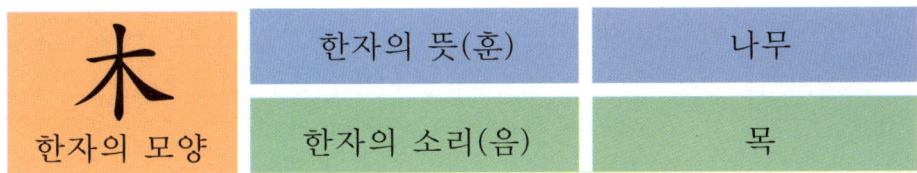

3 | 한자의 뜻(義)

의(義)를 우리말로는 '뜻'이라고 하고, 이 한자의 뜻을 우리말로 새긴 것을 훈(訓)이라고 한다. 한자는 뜻글자이기 때문에 제각기 고유한 뜻을 지니고 있는데, 인류의 문화가 날로 발달하고 사회가 복잡해지면서 한자의 뜻도 이에 따라 차츰 그 뜻이 갈려 나가 10여 가지나 되는 것도 있다. 이를테면 '日'자가 어느 때는 '해'이고, 또 어떤 경우에는 '날'의 뜻이 되는가를 한자어나 한문의 문맥에 따라 그때 그때 새겨야 한다.

※ 7급 漢字 | 한자

한자의 부수(部首)

부수란 자전(字典)이나 옥편(玉篇)에서 글자를 찾는 데 편리하도록 필요한 길잡이 역할을 하는 기본 글자를 말한다.
한자의 부수 글자는 1획에서 17획까지 모두 214자이고, 한 글자의 일정한 위치에만 쓰이는 것도 있고, 여러 자리에 들어가서 쓰이는 것도 있다. 또한 부수가 놓이는 자리에 따라 그 모양이 바뀌는 것도 있다. 예를 들면 '手(손 수)'가 '변'의 자리에 쓰일 경우 '扌(재방변)'로 바뀌는 따위이다.

변 한자의 왼쪽에 위치한 부수를 '변'이라고 한다.
사람인변(亻), 이수변(冫), 두인변(彳), 심방변(忄), 재방변(扌), 삼수변(氵), 개사슴록변(犭), 좌부변(阝) 등
예 仁, 冷, 役, 性, 技, 法, 狂, 防 등

방 한자의 오른쪽에 위치한 부수를 '방'이라고 한다.
칼도방(刂), 병부절(卩), 우부방(阝) 등
예 利, 印, 郡 등

머리 한자의 위쪽에 위치한 부수를 '머리'라고 한다.
돼지해머리(亠), 민갓머리(冖), 갓머리(宀), 초두머리(艹) 필발머리(癶), 대죽머리(竹), 비우(雨), 손톱조(爫) 등
예 交, 冠, 家, 草, 發, 答, 雷, 爭 등

| 한자의 부수 |

엄 한자의 위에서 왼쪽 아래로 걸쳐진 부수를 '엄'이라고 한다.
민엄호(厂), 주검시엄(尸), 엄호(广), 범호엄(虍) 등
예 原, 居, 店, 虎 등

발 한자의 밑에 위치한 부수를 '발'이라고 한다.
어진사람인발(儿), 연화발(灬) 등
예 兄, 無 등

받침 한자의 왼쪽에서 아래로 걸친 부수를 '받침'이라고 한다.
민책받침(廴), 책받침(辶) 등
예 延, 近 등

에울몸 한자 전체를 에워싸고 있는 부수를 '에울몸'이라고 한다.
위튼입구몸(凵), 터진입구몸(匚), 큰입구몸(囗) 등
예 凶, 區, 國 등

제부수 그 한자의 자체가 부수인 것을 '제부수'라고 한다.
예 土, 父, 生, 立, 金, 黑, 龍 등

7급 漢字 한자

영자팔법(永字八法)

중국 후한(後漢) 때의 문인이며 서예가(書藝家)였던 채 옹(蔡邕)이 고안한 것으로, 획의 운필법(運筆法)을 '永(영)'자의 여덟 가지 획으로써 설명하였다.
이 永字八法(영자팔법)은 모든 한자에 공통으로 쓰인다.

영자 팔법(永字八法)

丶	① 側(측)	점찍는 법	가로로 눕히지 않는다.
一	② 勒(늑)	가로 긋는 법	수평을 꺼린다.
丨	③ 努(노)	내리긋는 법	수직으로 곧바로 내려 힘을 준다.
亅	④ 趯(적)	올려 치는 법	갈고리로, 송곳 같은 세력을 요한다.
一	⑤ 策(책)	오른쪽으로 치키는 법	치침으로, 우러러 거두면서 살며시 든다.
丿	⑥ 掠(약)	길게 삐치는 법	삐침으로, 왼쪽을 가볍게 흘려 준다.
丿	⑦ 啄(탁)	짧게 삐치는 법	짧은 삐침으로, 높이 들어 빨리 삐친다.
乀	⑧ 磔(책)	파임하는 법	가볍게 대어 천천히 오른쪽으로 옮긴다.

7급 漢字 | 한자

한자의 육서

일정한 모양·뜻·소리의 세 가지 요소를 지닌 한자는 다양한 모양을 가지고 있지만, 그 다양한 모양은 모두 일정한 원칙하에서 만들어졌다. 이 원칙과 원리를 육서(六書)라고 한다. 한자 학습의 기본이 되므로 주의해서 익히도록 하자.

한자를 육서로 분류한 것은 후한(後漢) 때의 학자 허 신(許愼)이 지은 '설문해자(說文解字)'가 처음이다.

상형(象形)

어떤 사물의 모양을 그린 그림이 발전하여 글자를 이룬 것으로 자연이나 물건의 형상을 본떠서 만듦.

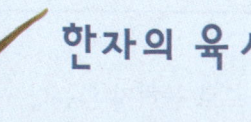

이것은 태양(해)의 모양을 본뜬 그림이 차츰 발전하여 '日(일:해)'자가 되기까지의 과정을 보인 것인데, 이처럼 사물의 모양을 본뜬 글자를 '상형문자'라 한다.

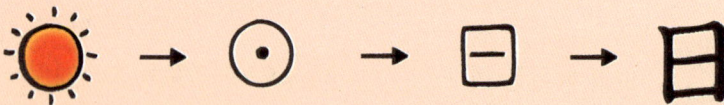

| 한자의 육서 |

지사(指事)

그림으로 나타낼 수 없는 것을 점이나 선, 혹은 부호로 그 뜻을 나타낸 것이 발전하여 이루어진 글자.

기준 되는 선 위에 점을 표시하여 위쪽을 나타내게 되었는데, 이와 같이 점이나 선, 혹은 부호로써 그 뜻을 나타낸 글자를 '지사문자'라 한다.

회의(會意)

이미 만들어진 상형 문자나 지사 문자의 뜻을 둘 이상 합쳐서 새로운 뜻을 나타낸 글자.

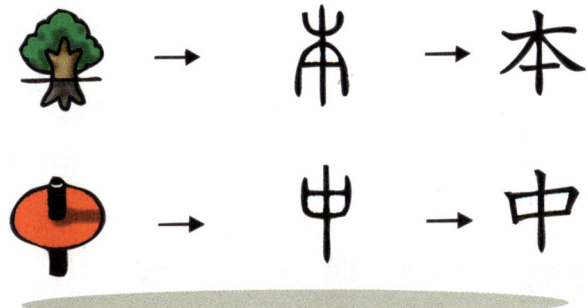

해가 있는 곳이나 달이 있는 곳은 언제나 밝기 때문에 '밝다'라는 뜻을 나타내기 위하여 상형자인 '日'과 '月'을 결합하여 만든 글자가 '明(명 : 밝다)'자인데, 이와 같이 '뜻'을 모은 글자를 '회의문자'라 한다.

✻ 7급 漢字 | 한자

형성(形聲)

이미 있는 글자를 모아서 새로운 뜻의 글자를 만들되, 그 글자의 한쪽은 '뜻'을 나타내고 다른 한쪽은 '음'을 나타내는 글자.

$$工 \text{[장인 공]} \text{(음 부분)} + 力 \text{[힘 력]} \text{(뜻 부분)} \rightarrow 功 \text{[공]} \text{(공)}$$

사람의 공적은 힘을 써야 비로소 이루어진다는 생각에서 '力'자를 뜻 부분으로 삼고, '工'을 그 음부분으로 삼은 것으로, 이와 같은 글자를 '형성문자'라 한다.

전주(轉注)

樂 ┬ 노래 **악** → 본래의 뜻
　　├ 즐길 **락** ┐
　　└ 좋아할 **요** ┴→ 전주된 뜻

상형·지사·회의·형성의 4가지 원리만으로서는 늘어나는 새로운 뜻을 표현할 수 없으므로, 이미 있는 한자의 뜻을 늘여서 사용하는 방법으로 '惡(악 : 악하다)'한 일은 누구나 싫어한다는 데서 '미워할 오'로 뜻이 바뀌는 글자 등을 말한다.

가차(假借)

亞細亞 → 아세아　　巴利 → 파리

글자의 뜻과 관계 없이 '음'만 빌어 쓰는 방법이다. 예를 들면 '基督(기독)'은 '그리스도'를 그 뜻과는 상관없이 음만 빌어 쓰는 따위이다.

| 한자의 자획과 필순 |

한자의 자획과 필순

필순이란 하나의 글자를 이루고자 할 때 그 글자를 이루어 가는 차례를 말한다.

한자의 필순은 원칙적으로 각 글자마다 일정한 차례가 정해져 있지만, 꼭 이렇게 써야 한다는 절대적인 규칙이 있는 것은 아니다. 하지만 오랜 세월 여러 사람의 체험을 통해 정해진 전통적인 필순이 있다. 이 전통적인 필순에 따라 한자를 쓰면 쓰기가 쉬울 뿐만 아니라, 글자의 모양도 아름다워지고 획수도 정확하게 셀 수 있다.

즉, 필순에 맞게 한자를 쓴다는 것 자체가 곧 바른 한자 학습의 기초를 닦는 길이 된다.

1 한자의 획

한자를 이루고 있는 선이나 점으로, 붓을 대어 한 번에 긋는 것을 '획'이라 한다. 즉 한자를 쓸 때, 한 번 붓을 대었다가 뗄 때까지 그어지는 선이나 점이 곧 1획이 되는 것이다.

2 한자의 필순

(1) 필순의 대원칙

① 위에서 아래로 : 글자의 윗부분부터 아래로 써 내려간다.

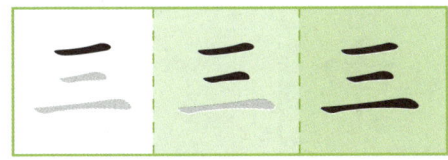

② 왼쪽에서 오른쪽으로 : 글자의 왼쪽에 있는 획부터 시작해 오른쪽으로 써 나간다.

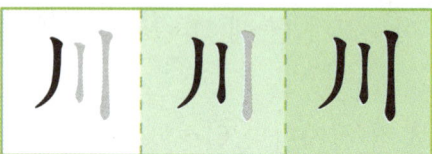

(2) 필순의 여러 가지

위의 2대 원칙에 따르되 다음과 같은 복잡한 경우가 있으니 그때 그때 바르게 익혀 두도록 한다.

① 가로획과 세로획이 겹칠 때는 가로획을 먼저 쓴다.

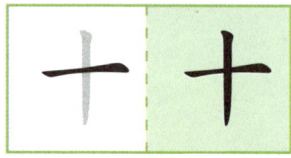

② 좌우 대칭인 경우 한가운데 부분을 먼저 쓰고 좌우 양쪽은 나중에 쓴다.

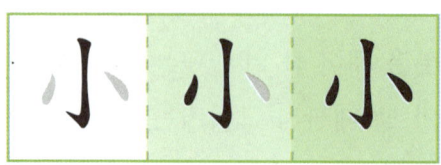

* 좌우를 먼저 쓰고 한가운데 부분을 나중에 쓰는 다음과 같은 경우도 있으니 주의한다.

③ 글자 전체를 꿰뚫는 세로획은 맨 나중에 쓴다.

④ 글자 전체를 꿰뚫는 가로획은 맨 나중에 쓴다.

⑤ 둘러싸고 있는 글자는 바깥 쪽을 먼저 쓴다.

⑥ 삐침은 파임보다 먼저 쓴다.

⑦ 받침은 다음의 두 경우로 나누어진다.
　　첫째, 받침이 독립자로 쓰이는 경우는 먼저 쓴다.

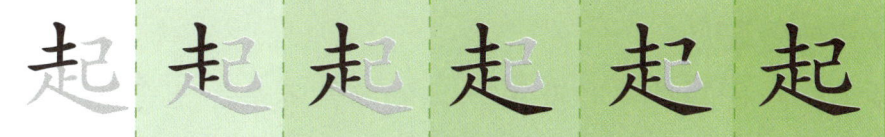

둘째, 독립자로 쓰이지 않는 경우는 나중에 쓴다.

⑧ 오른쪽 위의 오른점은 맨 나중에 찍는다.

✱ 자전(字典)에서 한자를 찾는 방법

※ **자전이란** : 한자를 모아 일정한 순서로 배열하여 그 한 자 한 자의 음(音)·훈(訓) 등을 해설한 책으로 옥편(玉篇)이라고도 한다.

1 음으로 찾기

찾고자 하는 한자의 음을 알고 있을 때는 자음 색인에서 국어사전의 경우처럼 ㄱㄴㄷ…순으로 찾으면 된다.

예 弟(아우 제) 음인 제를 자음 색인에서 찾는다.

2 부수로 찾기

찾고자 하는 한자의 음(音)은 모르고 부수를 알고 있을 때는 그 부수를 획수별로 구분되어 있는 부수 색인에서 찾은 뒤 부수를 제외한 나머지 획수를 세어 찾는다.

예 弟(아우 제) 부수인 弓의 4획을 부수 색인에서 찾는다.

3 총획수로 찾기

찾고자 하는 한자의 음과 부수 모두 모를 경우는 필순의 원칙에 맞게 정확한 총획수를 세어 총획 색인에서 찾는다.

예 弟(아우 제) 총획수인 7획을 총획 색인에서 찾는다

8급 배정한자

50자
복습하기

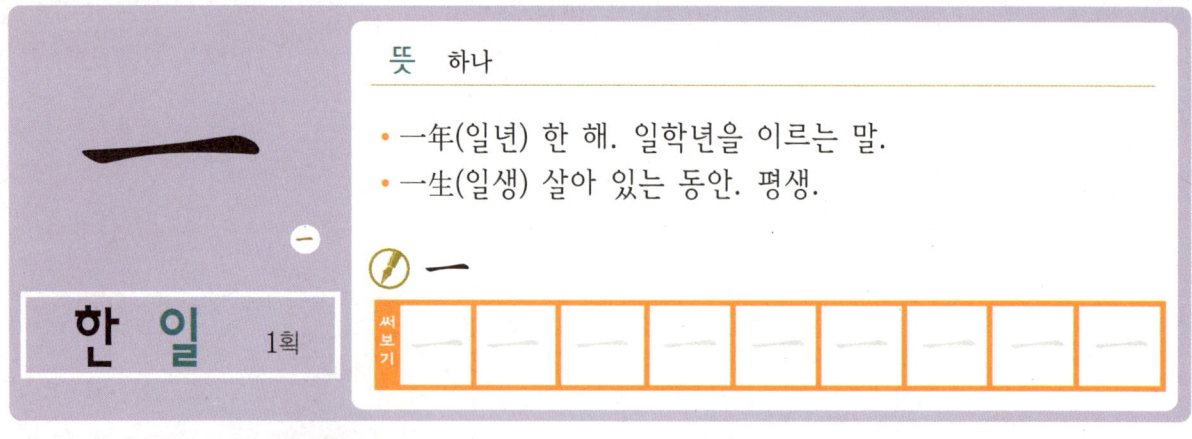

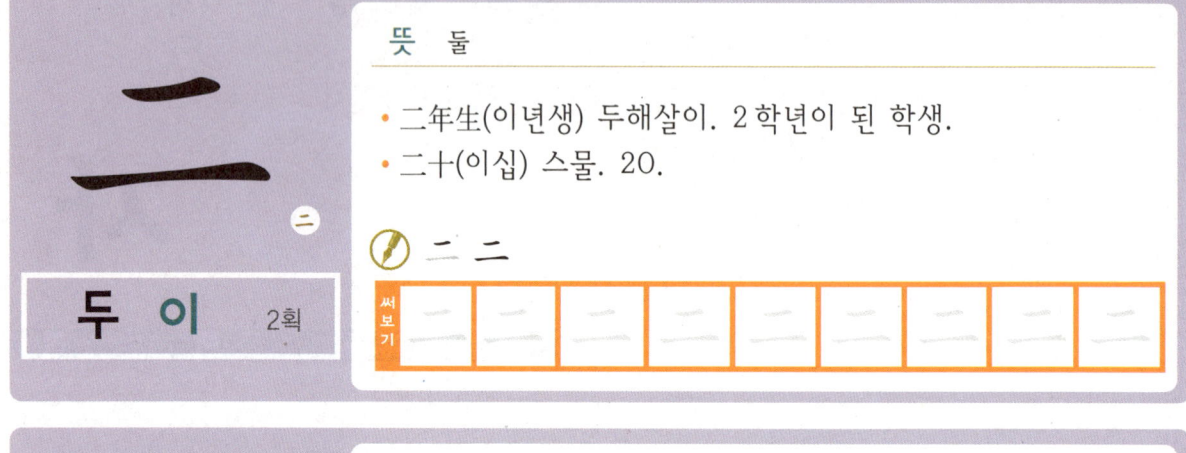

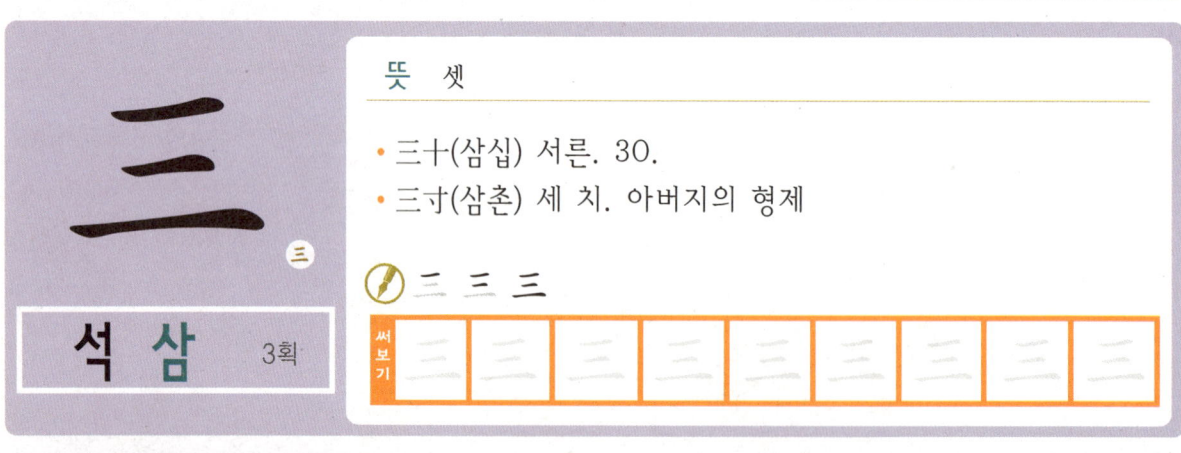

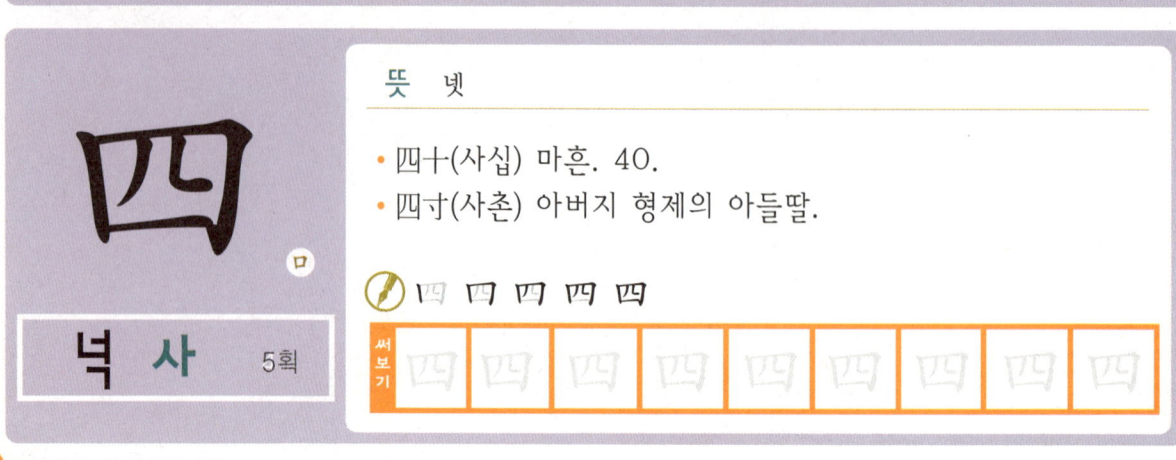

뜻 다섯

- 五十(오십) 쉰. 오십.
- 五六月(오뉴월) 오월과 육월(오륙월로 읽지 않도록 주의).

五 五 五 五

| 五 | 五 | 五 | 五 | 五 | 五 | 五 | 五 | 五 |

다섯 오 4획

뜻 여섯

- 六十(육십) 예순, 육십

六 六 六 六

| 六 | 六 | 六 | 六 | 六 | 六 | 六 | 六 | 六 |

여섯 육 4획

뜻 열다. 벌리다

- 七十(칠십) 일흔. 70.
- 七八月(칠팔월) 칠월과 팔월. 또는 칠월이나 팔월.

七 七

| 七 | 七 | 七 | 七 | 七 | 七 | 七 | 七 | 七 |

일곱 칠 11획

뜻 여덟

- 八十(팔십) 여든. 80.
- 八寸(팔촌) 여덟 치. 삼종간의 촌수.

八 八

| 八 | 八 | 八 | 八 | 八 | 八 | 八 | 八 | 八 |

여덟 팔 2획

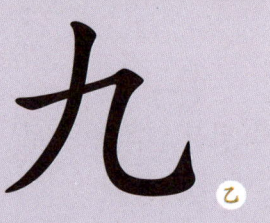

아홉 구 2획 乙

뜻 아홉

- 九九(구구) 곱하기의 암기 공식.
- 九十(구십) 아흔.

九九

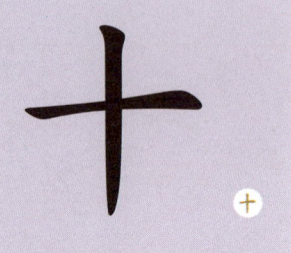

열 십 2획 十

뜻 열

- 十一月(십일월) 한 해의 열한번째의 달.
- 十中八九(십중팔구) 열 가운데 여덟이나 아홉. 거의 모두.

十十

아비 부 4획 父

뜻 아버지, 아비

- 父女(부녀) 아버지와 딸.
- 父母(부모) 아버지와 어머니.

父父父父

어미 모 5획 母

뜻 어머니, 어미

- 母校(모교) 자기의 출신교. 자기가 졸업한 학교.
- 母子(모자) 어머니와 아들.

母母母母母

맏/형 형 5획

뜻 형

- 兄(형) 남자 형제 중에서 자기보다 위인 사람을 부르는 말.
- 兄弟(형제) 형과 아우.

兄 兄 兄 兄 兄

아우 제 7획

뜻 아우, 제자

- 女弟(여제) 누이동생.
- 兄弟(형제) 형과 아우. 동기.

弟 弟 弟 弟 弟 弟 弟

동녘 동 8획

뜻 동쪽

- 東學(동학) 조선 말기, 최제우가 창도한 민족 종교. 천도교.
- 東西(동서) 동쪽과 서쪽. 동양과 서양.

東 東 東 東 東 東 東 東

서녘 서 6획

뜻 서쪽

- 西山(서산) 서쪽에 있는 산. 해가 지는 쪽의 산.
- 西北西(서북서) 서쪽과 서북쪽의 중간이 되는 방위.

西 西 西 西 西 西

뜻 남쪽

- 南國(남국) 남쪽에 위치한 나라.
- 南北(남북) 남쪽과 북쪽.

南 南 南 南 南 南 南 南 南

남녘 남 9획

뜻 북쪽, 달아나다

- 北門(북문) 북쪽의 문.
- 北國(북국) 북쪽에 위치한 나라.

北 北 北 北 北

북녘 북 5획

뜻 크다

- 大國(대국) 땅이 넓거나 경제력이 큰 나라.
- 大小(대소) 사물의 크고 작음.

大 大 大

큰 대 3획

뜻 가운데, 안, 속

- 中年(중년) 인생의 중간쯤에 해당하는 마흔 안팎의 나이.
- 中國(중국) 정식명칭은 중화인민공화국이고, 수도는 베이징

中 中 中 中

가운데 중 4획

小 작을 소 (3획)

뜻 작다, 낮추다

- 小生(소생) '자기'의 낮춤말.
- 小人(소인) 도량이 좁고 간사한 사람

小 小 小

日 날 일 (4획)

뜻 해, 날

- 日月(일월) 해와 달. 날과 달.
- 日日(일일) 그날그날. 하루하루.

日 日 日 日

月 달 월 (4획)

뜻 달, 매월

- 年月日(연월일) 해와 달과 날을 아울러 밝히는 날짜.
- 月中(월중) 그 달 동안.

月 月 月 月

火 불 화 (4획)

뜻 불, 불사르다

- 火力(화력) 불의 힘. 총포의 힘.
- 火山(화산) 땅 속의 뜨거운 마그마와 가스 등이 지표를 뚫고 나와 만들어진 산

火 火 火 火

뜻 물

- 水生(수생) 물 속에서 생겨남. 물 속이나 수면에서 사는 일.
- 水門(수문) 물의 양을 조절하는 문. 물문.

水 水 水 水

물 수 4획

뜻 나무

- 生木(생목) 생나무.
- 土木(토목) 목재나 철재·흙 등을 사용해 도로나 둑·교량 등을 건설하는 등의 일. 토목공사의 준말.

木 木 木 木

나무 목 4획

뜻 쇠, 돈

- 金山(금산) 금을 캐는 광산. 금광.
- 金先生(김선생) 김씨 성을 가진 선생님.

金 金 金 金 金 金 金 金

쇠금 / 성김 8획

뜻 흙, 땅

- 土山(토산) 흙으로만 이루어진 산.
- 國土(국토) 나라의 땅.

土 土 土

흙 토 3획

뜻 푸르다, 젊다

- 靑山(청산) 나무가 무성하여 푸른 산.
- 靑年(청년) 청춘기에 있는 젊은 사람. 특히 남자를 일컬음

푸를 청 8획

뜻 희다, 밝다, 알리다

- 白人(백인) 피부 색깔이 하얀 인종을 일컫는 말.
- 白金(백금) 은백색의 귀금속.

흰 백 5획

뜻 배우다, 학문, 학교

- 學校(학교) 학생들을 가르치는 공공 교육 기관.
- 學父兄(학부형) 취학 중의 아동이나 학생의 보호자.

배울 학 16획

뜻 학교

- 校外(교외) 학교의 밖.
- 校門(교문) 학교의 정문.

학교 교 10획

教 (支) 가르칠 교 11획

뜻 가르치다

- 教室(교실) 학교에서 학생들이 수업하는 방
- 教學(교학) 가르치어 기름.

教 教 教 教 教 教 教 教 教

室 (宀) 집·방 실 9획

뜻 집, 방

- 室外(실외) 방의 밖.
- 王室(왕실) 왕의 집안. 왕가.

室 室 室 室 室 室 室 室 室

先 (儿) 먼저 선 6획

뜻 먼저, 앞서다, 옛날

- 先生(선생) 교사의 존칭. 학예가 뛰어난 사람의 존칭.
- 先王(선왕) 선대의 임금. 옛날의 성군.

先 先 先 先 先 先

生 (生) 날·살 생 5획

뜻 나다, 낳다, 날

- 生日(생일) 태어난 날.
- 生水(생수) 끓이거나 소독하거나 하지 않은 맑은 샘물.

生 生 生 生 生

韓

뜻 나라이름, 성씨

- 韓國(한국) 대한민국의 준말.
- 韓中(한중) 한국과 중국.

나라이름·성 한 17획

國

뜻 나라

- 國民(국민) 한 나라의 통치권 밑에 같은 국적을 가진 사람.
- 國土(국토) 나라의 땅.

나라 국 11획

軍

뜻 군사

- 軍人(군인) 군대에서 복무하는 모든 장교와 사병을 말함.
- 軍中(군중) 군대의 안. 군인의 몸으로 전쟁터에 나가 있는 동안.

군사 군 9획

人

뜻 사람

- 人民(인민) 사회를 구성하는 사람. 백성. 국가를 구성하고 있는 자연인.
- 人生(인생) 사람의 목숨. 사람이 살아 있는 동안.

사람 인 2획

임금 왕 4획

뜻 임금

- 王國(왕국) 임금이 다스리는 나라.
- 王子(왕자) 임금의 아들.

백성 민 5획

뜻 백성

- 國民(국민) 한 나라의 통치권 아래에 결합해 국가를 구성하고 있는 사람.
- 民生(민생) 일반 국민의 생활 또는 생계. 생명을 가진 백성.

계집 녀 3획

뜻 여자, 딸

- 女人(여인) 여성인 사람.
- 父女(부녀) 아버지와 딸

해·나이 년 6획

뜻 해, 나이

- 年中(연중) 그 해의 동안.
- 學年(학년) 1년간의 학습 과정의 단위.

萬

뜻 일만, 많다

- 萬民(만민) 모든 백성. 만백성.
- 十萬(십만) 만의 열 배가 되는 수.

萬 萬 萬 萬 萬 萬 萬 萬 萬

일만 만 13획

門

뜻 문, 집안, 동문

- 門前(문전) 대문 앞.
- 南大門(남대문) 서울에 있는 '숭례문'의 딴 이름. 국보 1호.

門 門 門 門 門 門 門 門

문 문 8획

山

뜻 산

- 山中(산중) 산 속.
- 靑山(청산) 나무가 무성하여 푸른 산.

山 山 山

메 산 3획

外

뜻 바깥

- 內外(내외) 안과 밖. 국내와 국외.
- 校外(교외) 학교 밖.

外 外 外 外 外

바깥 외 5획

긴 · 어른 장 8획

뜻 길다, 멀다, 오래되다

- 長女(장녀) 큰딸. 맏딸.
- 年長(연장) 자기보다 나이가 많음.

마디 촌 3획

뜻 마디

- 寸數(촌수) 친족간의 멀고 가까운 정도를 나타내는 수.
- 三寸(삼촌) 아버지의 친형제.

7급 배정한자

100자
공 부 하 기

노래 가

하품(欠)하듯이 입을 크게 벌리고 여럿이 소리를 내는 모양을 나타내는 글자.

- 歌手(가수) 노래 부르는 것을 업으로 삼는 사람.
- 校歌(교가) 학교를 상징하는 노래.
- 歌曲(가곡) 시가 등을 가사로 한 성악곡.

활용 愛國歌(애국가)   軍歌(군가)

부수	欠(하품흠)부
총획	14획
뜻	노래, 노래하다

✖ 아래의 한자를 써보세요.

歌	歌	歌	歌	歌	歌	歌	歌	歌	歌
노래 가	노래 가	노래 가	노래 가	노래 가	노래 가	노래 가	노래 가	노래 가	노래 가

歌手	歌手	歌手	歌手	歌手
가수	가수	가수	가수	가수

집 가

집(宀)에 돼지(豕)가 있다에서 유래한 글자로, 후에 사람이 많이 모여 있는 '집'을 뜻함.

- 家內(가내) 한 집안. 가정의 안.
- 家門(가문) 집안. 문중(門中).
- 家事(가사) 집안 살림에 관한 일.

활용 大家(대가) 民家(민가) 家長(가장) 國家(국가)

부수	宀(갓머리)부
총획	10획
뜻	집, 집안, 어떤 분야의 전문가

家 家 家 家 家 宀 宀 家 家 家

아래의 한자를 써보세요.

家	家	家	家	家	家	家	家	家	家
집가	집가	집가	집가	집가	집가	집가	집가	집가	집가
家	家	家	家	家	家	家	家	家	家
家	家	家	家	家	家	家	家	家	家

家事	家事	家事	家事	家事
가사	가사	가사	가사	가사
家事	家事	家事	家事	家事

문 문(門)과 날 일(日). 햇빛이 문틈으로 새어 들어오는 것으로 '틈, 사이'를 뜻함.

- 間食(간식) 끼니 외에 먹는 음식. 샛밥.
- 空間(공간) 아무 것도 없이 비어 있는 곳.
- 年間(연간) 한 해 동안.

활용 間日(간일) 間間(간간) 時間(시간) 人間(인간)

부수	門(문문)부
총획	12획
뜻	사이. 틈. 동안

아래의 한자를 써보세요.

間	間	間	間	間	間	間	間	間	間
사이 간	사이 간	사이 간	사이 간	사이 간	사이 간	사이 간	사이 간	사이 간	사이 간
間	間	間	間	間	間	間	間	間	間
間	間	間	間	間	間	間	間	間	間

間食	間食	間食	間食	間食
간식	간식	간식	간식	간식
間食	間食	間食	間食	間食

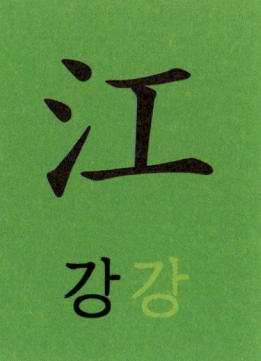

江 강

물 수(水)와 음을 나타내는 '工(공)'을 합친 글자로, 땅을 뚫고 흐르는 큰 '강'을 뜻함.

- 江南(강남) 따뜻한 남쪽 지방. 서울의 한강 이남 지역.
- 江山(강산) 강과 산. 나라의 영토.
- 漢江(한강) 우리 나라 중부를 흐르는 강.

활용 江村(강촌) 四大江(사대강)

부수	氵(水, 삼수변)부
총획	6획
뜻	강
상대	川(내천)
	山(메산)

江 江 江 江 江 江

아래의 한자를 써보세요.

江	江	江	江	江	江	江	江	江	江
강	강	강	강	강	강	강	강	강	강
江	江	江	江	江	江	江	江	江	江
江	江	江	江	江	江	江	江	江	江

江南	江南	江南	江南	江南
강남	강남	강남	강남	강남
江南	江南	江南	江南	江南

수레 거/차

수레의 모양을 본뜬 글자로 '수레, 수레바퀴'를 뜻함. '바퀴'의 뜻으로도 쓰임.

- 車馬(거마) 수레와 말.
- 自動車(자동차) 동력으로써 바퀴를 돌려 달리게 만든 차.
- 人力車(인력거) 사람을 태워 끄는 두 개의 큰 바퀴가 달린 수레.

활용 車內(차내) 車道(차도)

부수	車(수레거)부
총획	7획
뜻	수레, 수레바퀴

車 亡 亡 亘 亘 車

✱ 아래의 한자를 써보세요.

車	車	車	車	車	車	車	車	車	車
수레 거/차	수레 거/차	수레 거/차	수레 거/차	수레 거/차	수레 거/차	수레 거/차	수레 거/차	수레 거/차	수레 거/차

自動車	自動車	自動車	自動車	自動車
자동차	자동차	자동차	자동차	자동차

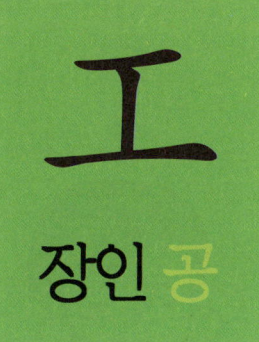

工 장인 공

목수 일을 할 때 사용하는 연장 중 '자'의 모양을 본뜬 글자.

- 工夫(공부) 학문과 기술을 배우고 익힘.
- 工業(공업) 원료를 써서 물건을 만드는 일.
- 工事(공사) 토목이나 건축 등에 관한 일.

활용 工場(공장) 工大(공대)
　　　 人工(인공) 木工(목공)

부수	工(장인공)부
총획	3획
뜻	장인

工工工

아래의 한자를 써보세요.

工	工	工	工	工	工	工	工	工	工
장인공	장인공	장인공	장인공	장인공	장인공	장인공	장인공	장인공	장인공

工 夫	工 夫	工 夫	工 夫	工 夫
공부	공부	공부	공부	공부

한자능력검정시험 7급

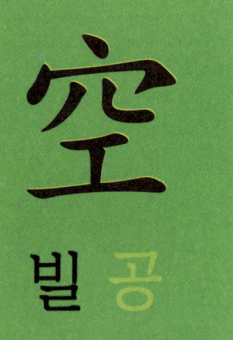

빌 공

구멍 혈(穴)과 만들 공(工). 땅을 파내어서 만든 구멍이나, 굴 속이 텅 비어 있는 것을 뜻함.

- 空間(공간) 아무것도 없이 비어 있는 곳.
- 空軍(공군) 항공기를 주요 수단으로 공중에서의 싸움을 주임무로 하는 군대.
- 空白(공백) 아무것도 없이 비어 있음.

활용 空氣(공기) 空然(공연) 空中(공중)

부수	穴(구멍혈)부
총획	8획
뜻	하늘. 비다. 쓸데없다

空空空空空空空空

아래의 한자를 써보세요.

空	空	空	空	空	空	空	空	空	空
빌공	빌공	빌공	빌공	빌공	빌공	빌공	빌공	빌공	빌공
空	空	空	空	空	空	空	空	空	空
空	空	空	空	空	空	空	空	空	空

空間	空間	空間	空間	空間
공간	공간	공간	공간	공간
空間	空間	空間	空間	空間

입 구

부수	口(입구)부
총획	3획
뜻	입, 문, 사람의 수

사람의 벌린 입 모양을 본뜬 글자.

- 人口(인구) 한 나라 또는 일정한 지역에 사는 사람의 총수.
- 入口(입구) 들어갈 수 있도록 문을 낸 곳.
- 水口(수구) 물이 흘러 나가는 구멍.

활용 口算(구산) 口語(구어)

口 口 口

✳ 아래의 한자를 써보세요.

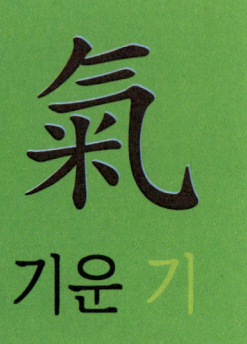

氣
기운 기

기운 기(气)와 쌀 미(米). 밥을 지을 때 증기가 증발하는 것을 뜻함.

- 氣力(기력) 사람이 몸을 움직여 활동할 수 있는 힘.
- 氣色(기색) 감정을 나타내는 얼굴빛.
- 軍氣(군기) 군대의 사기.

활용 生氣(생기)   人氣(인기)

부수	气(기운기 밑)부
총획	10획
뜻	힘, 기운. 기체, 공기

氣氣氣气氣气气氣氣氣

아래의 한자를 써보세요.

氣	氣	氣	氣	氣	氣	氣	氣	氣	氣
기운 기	기운 기	기운 기	기운 기	기운 기	기운 기	기운 기	기운 기	기운 기	기운 기
氣	氣	氣	氣	氣	氣	氣	氣	氣	氣
氣	氣	氣	氣	氣	氣	氣	氣	氣	氣

氣力	氣力	氣力	氣力	氣力
기력	기력	기력	기력	기력
氣力	氣力	氣力	氣力	氣力

記
기록할 기

말씀 언(言)과 몸 기(己). 말을 다듬어 쓰다, 마음에 새기는 것으로 '기록하다'를 뜻함.

- 記入(기입) 필요한 내용을 적어 넣는 것.
- 上記(상기) 위나 앞에 어떤 내용을 적는 것.
- 記名(기명) 이름을 적음.

활용 記事(기사) 日記(일기) 手記(수기)

부수	言(말씀언)부
총획	10획
뜻	기록하다. 기억하다.

記記記記記記記記記

아래의 한자를 써보세요.

記 記 記 記 記 記 記 記 記 記
기록할 기 기록할 기 기록할 기 기록할 기 기록할 기 기록할 기 기록할 기 기록할 기 기록할 기 기록할 기

記 記 記 記 記 記 記 記 記 記

記 記 記 記 記 記 記 記 記 記

日記 日記 日記 日記 日記
일기   일기   일기   일기   일기

日記 日記 日記 日記 日記

확인학습 1회

1 다음 한자어(漢字語)의 독음(讀音)을 써 보자.

1) 入口		2) 記入	
3) 氣力		4) 空中	
5) 車內		6) 空軍	
7) 江南		8) 間食	
9) 氣色		10) 人氣	

2 다음 한자(漢字)의 훈(訓 : 뜻)과 음(音 : 소리)을 써 보자.

1) 空		2) 歌	
3) 車		4) 口	
5) 家		6) 氣	
7) 間		8) 記	
9) 江		10) 工	

3 다음 한자어(漢字語)의 뜻을 써 보자.

    1) 空白 (　　　　　　　　　　　　　)

    2) 校歌 (　　　　　　　　　　　　　)

※ 실제 시험에서는 한자(漢字) 쓰기 문제는 출제되지 않습니다.

4 다음 ( ) 속에 들어갈 알맞은 한자(漢字)를 써 보자.

1) 家 ( ) : 한 집안. 가정의 안.

2) 軍 ( ) : 군대의 사기를 북돋우기 위해 지어 부르는 노래.

3) 人力 ( ) : 사람을 태워 끄는 두 개의 큰 바퀴가 달린 수레.

4) ( )事 : 토목이나 건축 등에 관한 일.

5) 入 ( ) : 들어갈 수 있도록 문을 낸 곳.

5 다음 문장에서 밑줄 친 단어와 같은 뜻을 지닌 한자(漢字)를 써 보자.

1) 우리 집 강아지는 너무 장난스럽다.   (   )

2) 고려청자를 보면 장인의 숨결을 느낄 수가 있다. (   )

3) 저 방은 비어 있는 것 같습니다.   (   )

4) 항상 입조심을 해야 한다.   (   )

5) 어머니가 잠든 사이에 컴퓨터 오락을 했다.   (   )

6 다음 한자(漢字)의 상대어 또는 반대어를 써 보자.

1) 江 (   )   2) 空 (   )

7 다음 한자(漢字)를 필순대로 써 보자.

1) 車 (   )

2) 空 (   )

旗

깃발 기

부수	方(모방)부
총획	14획
뜻	깃발

전쟁에서 싸울 때 지휘하기 위하여 높이 올리는 '깃발'을 뜻함.

- 國旗(국기) 국가를 상징하는 기.
- 軍旗(군기) 군에서 부대를 대표하는 기.
- 旗手(기수) 군대나 단체 따위의 행렬 또는 행진에서, 앞에서 기를 드는 사람.

활용 校旗(교기)　靑旗(청기)
　　　　白旗(백기)　萬國旗(만국기)

아래의 한자를 써보세요.

旗 旗 旗 旗 旗 旗 旗 旗 旗 旗 旗 旗 旗 旗

旗	旗	旗	旗	旗	旗	旗	旗	旗	旗
깃발 기	깃발 기	깃발 기	깃발 기	깃발 기	깃발 기	깃발 기	깃발 기	깃발 기	깃발 기

國旗	國旗	國旗	國旗	國旗
국기	국기	국기	국기	국기

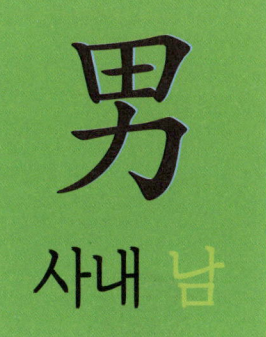

男
사내 남

밭 전(田)과 힘 력(力). 밭에 나가서 힘써 일하는 '남자'를 뜻함.

- 男女(남녀) 남자와 여자.
- 男女老少(남녀노소) 남자와 여자, 노인과 젊은이. 모든 사람.
- 男子(남자) 남성. 한 여자의 남편이나 애인을 이르는 말.

활용 男同生(남동생) 男學生(남학생)
     長男(장남)

부수	田(밭전)부
총획	7획
뜻	남자, 사내, 아들
반	女(계집 녀)

男 男 男 男 男 男 男

아래의 한자를 써보세요.

男	男	男	男	男	男	男	男	男	男
사내 남	사내 남	사내 남	사내 남	사내 남	사내 남	사내 남	사내 남	사내 남	사내 남
男	男	男	男	男	男	男	男	男	男
男	男	男	男	男	男	男	男	男	男

男女	男女	男女	男女	男女
남녀	남녀	남녀	남녀	남녀
男女	男女	男女	男女	男女

안 내

멀 경(冂)은 세 방면이 가리어진 것으로 들 입(入)을 더하여 어떤 영토의 '안, 속'을 뜻함.

- 內外(내외) 안과 밖. 국내와 외국. 부부.
- 邑內(읍내) 읍의 안.
- 內面(내면) 안쪽. 사람의 정신이나 심리에 관한 면. ↔ 외면(外面)

활용 內心(내심) 校內(교내)

부수	入(들입)부
총획	4획
뜻	안, 속
반	外(외)

內 冂 內 內

아래의 한자를 써보세요.

內	內	內	內	內	內	內	內	內	內
안내	안내	안내	안내	안내	안내	안내	안내	안내	안내
內	內	內	內	內	內	內	內	內	內
內	內	內	內	內	內	內	內	內	內

內心	內心	內心	內心	內心
내심	내심	내심	내심	내심
內心	內心	內心	內心	內心

農 농사 농

농부가 밭(田·曲)일을 할 때는 별(辰)을 보며 일을 한다는 것으로 '농사'를 뜻함.

- 農夫(농부) 농사를 짓는 사람. 농군.
- 農事(농사) 논밭을 갈아 농작물을 심고 가꾸는 일.
- 農土(농토) 농사를 짓는 데 쓰이는 땅.

활용 農家(농가)　農林(농림)　農民(농민)　農場(농장)

부수	辰(별진)부
총획	13획
뜻	농사

농農農農農農農農農農農農農

아래의 한자를 써보세요.

農	農	農	農	農	農	農	農	農	農
농사 농	농사 농	농사 농	농사 농	농사 농	농사 농	농사 농	농사 농	농사 농	농사 농
農	農	農	農	農	農	農	農	農	農
農	農	農	農	農	農	農	農	農	農

農事	農事	農事	農事	農事
농사	농사	농사	농사	농사
農事	農事	農事	農事	農事

答 대답할 답

대나무 죽(竹)과 합할 합(合). 대나무 조각에 써서 보낸 편지에 답장을 하는 것.

- 答電(답전) 회답의 전보.
- 直答(직답) 그 자리에서 바로 대답함. 직접 답함.
- 東問西答(동문서답) '동쪽을 묻는데 서쪽을 대답한다는 뜻'으로 묻는 말에 대하여 아주 딴판

활용 答紙(답지) 名答(명답)
      正答(정답)

부수	竹(대죽)부
총획	12획
뜻	대답하다, 갚다
반	問(물을 문)

答答答答答答答答答答答答

아래의 한자를 써보세요.

答	答	答	答	答	答	答	答	答	答
대답할답	대답할답	대답할답	대답할답	대답할답	대답할답	대답할답	대답할답	대답할답	대답할답
答	答	答	答	答	答	答	答	答	答
答	答	答	答	答	答	答	答	答	

正答	正答	正答	正答	正答
정답	정답	정답	정답	정답
正答	正答	正答	正答	正答

길 도

부수	辶(辶, 책받침)부
총획	13획
뜻	길, 도리, 도, 행정 구역

쉬엄쉬엄 갈 착(辶)과 머리 수(首 : 사람). 사람(首)이 길을 가는 모양을 나타내어 '길'을 뜻함.

- 道場(도장) 무예를 수련하는 곳.
- 車道(차도) 차가 다니는 길.
- 人道(인도) 사람이 다니는 길.

활용 道內(도내) 道立(도립)
　　　道家(도가) 家道(가도)
　　　道人(도인)
　　　道中(도중)
　　　水道(수도)

道道道道道道道道道道道道道

아래의 한자를 써보세요.

道	道	道	道	道	道	道	道	道	道
길도	길도	길도	길도	길도	길도	길도	길도	길도	길도
道	道	道	道	道	道	道	道	道	道

道場	道場	道場	道場	道場
도장	도장	도장	도장	도장

冬
겨울 동

얼을 빙(冫)은 얼음에 금이 간 모양을 본뜬 글자. 발 밑에 얼음이 어는 계절 '겨울'을 뜻함.

- 冬天(동천) 겨울 하늘. 겨울날.
- 立冬(입동) 24 절기의 19째. 11월 7, 8일경.
- 冬夜(동야) 겨울밤

활용 春夏秋冬(춘하추동) 봄, 여름, 가을, 겨울의 사계절. 일 년 내내.

부수	冫(이수변)부
총획	5획
뜻	겨울
반	夏(여름 하)

冬 夂 冬 冬 冬

아래의 한자를 써보세요.

冬	冬	冬	冬	冬	冬	冬	冬	冬	冬
겨울 동	겨울 동	겨울 동	겨울 동	겨울 동	겨울 동	겨울 동	겨울 동	겨울 동	겨울 동

立冬	立冬	立冬	立冬	立冬
입동	입동	입동	입동	입동

同 한가지 동

부수	口(입구)부
총획	6획
뜻	같다

여러 모(凡의 변형)와 입 구(口). 여러 사람의 입에서 나오는 의견이 모두 같다는 것으로 '한가지'를 뜻함.

- 同氣(동기) '형제자매'를 통틀어 이르는 말. 형제(兄弟).
- 同生(동생) 아우와 손아랫누이를 통틀어 일컫는 말.
- 同時(동시) 같은 때. 같은 시간.

활용 同名(동명)　同色(동색)　同姓(동성)

同 同 同 同 同 同

✕ 아래의 한자를 써보세요.

同	同	同	同	同	同	同	同	同	同
한가지 동	한가지 동	한가지 동	한가지 동	한가지 동	한가지 동	한가지 동	한가지 동	한가지 동	한가지 동
同	同	同	同	同	同	同	同	同	同
同	同	同	同	同	同	同	同	同	同

同生	同生	同生	同生	同生
동생	동생	동생	동생	동생
同生	同生	同生	同生	同生

고을 동

물 수(氵·水)와 한가지 동(同). 물이 흐르는 골짜기에 여러 사람이 모여 사는 '골, 마을'을 뜻함.

- 洞口(동구) 동네 어귀.
- 洞長(동장) 행정 구역의 단위인 동사무소의 장.
- 洞民(동민) 어떤 동네나 동에 사는 사람.

활용 洞名(동명) 洞里(동리) 洞內(동내)

부수	氵(水, 삼수변)부
총획	9획
뜻	마을, 동굴, 행정 구역, 통하다

洞 洞 洞 洞 洞 洞 洞 洞 洞

아래의 한자를 써보세요.

洞	洞	洞	洞	洞	洞	洞	洞	洞	洞
고을 동	고을 동	고을 동	고을 동	고을 동	고을 동	고을 동	고을 동	고을 동	고을 동
洞	洞	洞	洞	洞	洞	洞	洞	洞	洞
洞	洞	洞	洞	洞	洞	洞	洞	洞	洞

洞內	洞內	洞內	洞內	洞內
동내	동내	동내	동내	동내
洞內	洞內	洞內	洞內	洞內

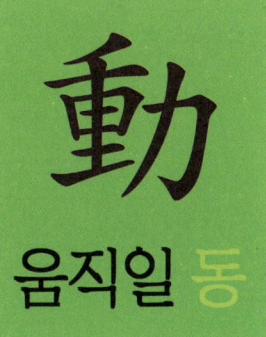

움직일 동

부수	力(힘력)부
총획	11획
뜻	움직이다, 어지럽다

무거울 중(重)에 힘 력(力). 무거운 것을 힘으로 '움직이다'를 뜻함.

- 動力(동력) 어떤 일을 발전시키고 밀고 나가는 힘. 원동력.
- 動心(동심) 마음이 움직이는 것.
- 動物(동물) 생물을 식물과 함께 둘로 나눈 것의 하나. 특히, 짐승을 일컬음.

활용 自動(자동) 生動(생동)
出動(출동) 活動(활동)

動動動動動動動動動動動

아래의 한자를 써보세요.

動	動	動	動	動	動	動	動	動	動
움직일 동	움직일 동	움직일 동	움직일 동	움직일 동	움직일 동	움직일 동	움직일 동	움직일 동	움직일 동
動	動	動	動	動	動	動	動	動	動

自動	自動	自動	自動	自動
자동	자동	자동	자동	자동
自動	自動	自動	自動	自動

확인학습 2 회

1 다음 한자어(漢字語)의 독음(讀音)을 써 보자.

1) 國旗		2) 洞民	
3) 車道		4) 正答	
5) 立冬		6) 農場	
7) 同生		8) 內面	
9) 生動		10) 長男	

2 다음 한자(漢字)의 훈(訓:뜻)과 음(音:소리)을 써 보자.

1) 農		2) 同	
3) 答		4) 冬	
5) 道		6) 男	
7) 洞		8) 動	
9) 內		10) 旗	

3 다음 한자어(漢字語)의 뜻을 써 보자.

1) 同一 ( )

2) 農夫 ( )

※ 실제 시험에서는 한자(漢字) 쓰기 문제는 출제되지 않습니다.

4 다음 (   ) 속에 들어갈 알맞은 한자(漢字)를 써 보자.

1) 農(   ) : 논밭을 갈아 농작물을 심고 가꾸는 일.

2) 直(   ) : 그 자리에서 바로 대답함. 직접 답함.

3) 孝(   ) : 부모를 잘 섬김. 또는 그 섬기는 도리.

4) (   )生 : 아우와 손아랫누이를 통틀어 일컫는 말.

5) (   )口 : 동네 어귀.

5 다음 문장에서 밑줄 친 단어와 같은 뜻을 지닌 한자(漢字)를 써 보자.

1) 사나이가 울음이 많으면 안 된다.   (   )

2) 우승 깃발을 차지하기 위해 열심히 노력했다.   (   )

3) 저 안으로 들어가면 모두가 마법에 걸린다.   (   )

4) 선생님의 질문에 바로 대답했다.   (   )

5) 빨리 겨울이 되어 눈이 오면 좋겠다.   (   )

6 다음 한자(漢字)의 상대어 또는 반대어를 써 보자.

1) 內(   )   2) 男(   )

3) 答(   )   4) 冬(   )

7 다음 한자(漢字)를 필순대로 써 보자.

1) 農(   )

2) 內(   )

오를 등

두 발을 모으고 가지런히 서서 제단의 제기에 음식을 올려 놓는 모양.

- 登山(등산) 산에 오르거나 올라갔다 내려오는 것.
- 登場(등장) 무대나 연단 위에 나옴.
- 登記(등기) 민법상의 권리 또는 사실을 알리기 위해 관련 되는 일정 사항을 등기부에 적는 것.

활용 登校(등교)
登記所(등기소)

부수	癶(필발머리)부
총획	12획
뜻	오르다

登登登登登登登登登登登登

아래의 한자를 써보세요.

登	登	登	登	登	登	登	登	登	登
오를등	오를등	오를등	오를등	오를등	오를등	오를등	오를등	오를등	오를등
登	登	登	登	登	登	登	登	登	登
登	登	登	登	登	登	登	登	登	登

登校	登校	登校	登校	登校
등교	등교	등교	등교	등교
登校	登校	登校	登校	登校

來
올래

부수	人(사람인)부
총획	8획
뜻	오다, 다가오는, 앞으로

익은 보리 이삭이 매달려 처져 있는 모양을 본뜬 글자. 보리는 하늘이 내리신 곡식으로 '오다'를 뜻함.

- 來日(내일) 오늘의 바로 다음 날. 명일.
- 出來(출래) 안으로부터 밖으로 나옴.
- 來年(내년) 올해의 다음 해.

활용 來世(내세)
　　　往來(왕래)

來 來 來 來 來 來 來 來

아래의 한자를 써보세요.

힘 력

물건을 들어올릴 때 생기는 근육의 모양을 본뜬 글자. '힘쓰다'를 뜻함.

- 力道(역도) 역기를 들어 올리는 경기.
- 力動(역동) 힘있게 움직임.
- 力不足(역부족) 힘이 모자람. 기량이 미치지 못함.

활용 人力車(인력거) 學力(학력) 力學(역학)

부수	力(힘력)부
총획	2획
뜻	힘, 힘쓰다

力力

아래의 한자를 써보세요.

力 力 力 力 力 力 力 力 力 力
힘력 힘력 힘력 힘력 힘력 힘력 힘력 힘력 힘력 힘력

力 力 力 力 力 力 力 力 力 力

力道 力道 力道 力道 力道
역도   역도   역도   역도   역도

늙을 로

머리카락이 길고 허리가 굽은 노인이 지팡이를 짚고 서 있는 모양을 본뜬 글자.

- 老人(노인) 늙은 사람. 나이가 많은 사람.
- 父老(부로) 동네에서 나이가 많은 어른.
- 老母(노모) 늙은 어머니.

활용 老少(노소) 老年(노년) 年老(연로)

부수	老(늙을로)부
총획	6획
뜻	늙다, 어른, 익숙하다

老 老 老 老 老 老

아래의 한자를 써보세요.

老	老	老	老	老	老	老	老	老	老
늙을 로	늙을 로	늙을 로	늙을 로	늙을 로	늙을 로	늙을 로	늙을 로	늙을 로	늙을 로

老少	老少	老少	老少	老少
노소	노소	노소	노소	노소

마을 리

밭 전(田)과 흙 토(土). 밭도 있고 토지도 있어 사람이 살 만한 곳이란 의미로, '마을'을 뜻함.

- 里長(이장) 행정 구역인 이(里)의 사무를 맡아보는 사람.
- 田里(전리) 고향 마을. 시골. 촌.
- 里民(이민) 동리 사람.

활용 十里(십리)

부수	里(마을리)부
총획	7획
뜻	마을

里 里 里 里 里 里 里

아래의 한자를 써보세요.

里	里	里	里	里	里	里	里	里	里
마을 리	마을 리	마을 리	마을 리	마을 리	마을 리	마을 리	마을 리	마을 리	마을 리
里	里	里	里	里	里	里	里	里	里
里	里	里	里	里	里	里	里	里	里

十里	十里	十里	十里	十里
십리	십리	십리	십리	십리
十里	十里	十里	十里	十里

林 수풀 림

부수	木(나무목)부
총획	8획
뜻	숲

나무(木)와 나무(木)가 있으니 나무가 많은 곳, 즉 '숲'을 뜻함.

- 林間(임간) 수풀 사이.
- 山林(산림) 산에 있는 숲. 산과 숲.
- 林立(임립) 숲의 나무들처럼 죽 늘어섬.

활용 林木(임목) 農林(농림) 山林(산림) 國有林(국유림)

林 林 林 林 木 朴 材 林

아래의 한자를 써보세요.

설 립

사람이 땅 위에 서서 두 팔을 벌리고 있는 모양.
- 立場(입장) 당면하고 있는 처지. 경우.
- 立國(입국) 나라를 세우는 것.

활용 立秋(입추)   立春(입춘)   立夏(입하)

부수	立(설립)부
총획	5획
뜻	서다, 세우다

立 立 立 立 立

아래의 한자를 써보세요.

立	立	立	立	立	立	立	立	立	立
설립	설립	설립	설립	설립	설립	설립	설립	설립	설립
立	立	立	立	立	立	立	立	立	立
立	立	立	立	立	立	立	立	立	立

立場	立場	立場	立場	立場
입장	입장	입장	입장	입장
立場	立場	立場	立場	立場

매양 매

부수	母(말무)부
총획	7획
뜻	늘, 항상

매일·늘 풀의 싹이 돋아나는 데서 유래한 말로 '늘, 항상, 여러 번'을 뜻함.

- 每事(매사) 하나 하나의 모든 일. 일마다.
- 每年(매년) 차례로 돌아오는 그 해. 해마다.
- 每月(매월) 그달 그달. 한 달 한 달. 매달.

활용 每日(매일)
每每(매매)
每時間(매시간)

每 每 仁 每 每 每 每

✱ 아래의 한자를 써보세요.

낯 면

이마(一) 밑에 눈(目)과 양 옆으로 볼이 있는 사람의 얼굴 모습을 본딴 것으로 '얼굴'을 뜻함.

- 面面(면면) 여러 사람의 얼굴. 그 한 사람 한 사람.
- 面會(면회) 얼굴을 대하여 만나 봄.
- 面前(면전) 보고 있는 바로 앞. 얼굴 앞.

활용   地面(지면)   平面(평면)   內面(내면)
      方面(방면)   正面(정면)   面長(면장)

부수	面(낯면)부
총획	9획
뜻	얼굴, 겉, 대하다, 행정 구역

面面面面面面面面面

아래의 한자를 써보세요.

面	面	面	面	面	面	面	面	面	面
낯면	낯면	낯면	낯면	낯면	낯면	낯면	낯면	낯면	낯면
面	面	面	面	面	面	面	面	面	面
面	面	面	面	面	面	面	面	面	面

正面	正面	正面	正面	正面
정면	정면	정면	정면	정면
正面	正面	正面	正面	正面

이름 명

부수	口(입구)부
총획	6획
뜻	이름, 이름나다, 사람 수

저녁 석(夕)과 입 구(口). 저녁에는 입으로 이름을 불러 확인함에서 유래함.

- 名物(명물) 어느 곳에 특유하거나 이름 난 사물.
- 人名(인명) 사람의 이름.
- 名文(명문) 매우 잘 지은 글. 이름난 글.

활용 名答(명답) 名山(명산)
  名所(명소) 有名(유명)

名 夕 夕 名 名 名

✗ 아래의 한자를 써보세요.

확인학습 3 회

1 다음 한자어(漢字語)의 독음(讀音)을 써 보자.

1) 山林		2) 自立	
3) 每日		4) 面前	
5) 學力		6) 來年	
7) 登山		8) 名山	
9) 老母		10) 十里	

2 다음 한자(漢字)의 훈(訓:뜻)과 음(音:소리)을 써 보자.

1) 名		2) 立	
3) 來		4) 力	
5) 里		6) 登	
7) 每		8) 林	
9) 老		10) 面	

3 다음 한자어(漢字語)의 뜻을 써 보자.

　　1) 國力 (　　　　　　　　　　　　　　)

　　2) 老人 (　　　　　　　　　　　　　　)

※ 실제 시험에서는 한자(漢字) 쓰기 문제는 출제되지 않습니다.

4 다음 (   ) 속에 들어갈 알맞은 한자(漢字)를 써 보자.

1) (   ) 年 : 올해의 다음 해.

2) (   ) 場 : 무대나 연단 위에 나옴.

3) (   ) 不足 : 힘이 모자람. 기량이 미치지 못함.

4) (   ) 母 : 늙은 어머니.

5) 中 (   ) : 어느 편에도 치우치지 않고 중간 입장에 섬.

5 다음 문장에서 밑줄 친 단어와 같은 뜻을 지닌 한자(漢字)를 써 보자.

1) 새해를 맞이해 마을 대청소를 하였다.   (   )

2) 숲은 우리 인간에게 많은 혜택을 준다.   (   )

3) 아는 것이 힘이다.   (   )

4) 오랫동안 서 있었더니 다리가 아프다.   (   )

5) 일요일이면 아빠와 함께 산에 오르곤 했다.   (   )

6 다음 한자(漢字)를 필순대로 써 보자.

1) 來 (   )

2) 老 (   )

목숨 명

명령 령(令)과 입 구(口). 임금의 명령은 목숨을 바쳐서라도 지켜야 한다는 것을 말함.

- 命名(명명) 어떤 사물에 이름을 붙이는 것.
- 生命(생명) 사람이 살아서 숨쉬고 활동할 수 있게 하는 힘. 목숨.
- 人命(인명) 사람의 목숨.

활용 天命(천명)   命中(명중)

부수	口(입구)부
총획	8획
뜻	목숨

命 命 命 命 命 命 命 命

✗ 아래의 한자를 써보세요.

글월 문

사람의 몸에 그린 문신을 본뜬 글자. 아름다운 '무늬'를 뜻했으나 '글월, 글자'의 뜻이 됨.

- 文字(문자) 말의 음과 뜻을 표시하는 시각적 기호. 글자.
- 名文(명문) 잘 지은 글. 훌륭한 글.
- 文物(문물) 법률·학문·예술·종교 같은 문화의 산물.

활용 文敎(문교) 文人(문인) 文字(문자) 文學(문학)

부수	文(글월문)부
총획	4획
뜻	글월, 문장, 글자, 문서, 책, 학문

文 文 文 文

✱ 아래의 한자를 써보세요.

文	文	文	文	文	文	文	文	文	文
글월 문	글월 문	글월 문	글월 문	글월 문	글월 문	글월 문	글월 문	글월 문	글월 문

文字	文字	文字	文字	文字
문자	문자	문자	문자	문자

問
물을 문

문 문(門)과 입 구(口). 문 앞에서 입을 열어 말하며 묻는 것을 뜻함.

- 問答(문답) 물음과 대답.
- 問安(문안) 아랫사람이 웃어른께 안부를 여쭘.
- 東問西答(동문서답) 묻는 말에 전혀 어울리지 않는 대답을 함.

활용　自問自答(자문자답)　學問(학문)

부수	口(입구)부
총획	11획
뜻	묻다, 방문하다
반	答(대답할 답)

問問問問問問問問問問

✖ 아래의 한자를 써보세요.

問	問	問	問	問	問	問	問	問	問
물을 문	물을 문	물을 문	물을 문	물을 문	물을 문	물을 문	물을 문	물을 문	물을 문
問	問	問	問	問	問	問	問	問	問
問	問	問	問	問	問	問	問	問	問

問安	問安	問安	問安	問安
문안	문안	문안	문안	문안
問安	問安	問安	問安	問安

物 물건 물

소 우(牛)와 말 물(勿 : 부정을 씻음). 부정이 씻긴 산 제물인 소의 뜻에서 '물건'을 나타냄.

- 物名(물명) 물건의 이름.
- 物色(물색) 물건의 빛깔. 까닭이나 형편.
- 萬物(만물) 온갖 물건. 우주에 존재하는 모든 것.

활용 物主(물주) 人物(인물) 物色(물색) 事物(사물) 生物(생물) 植物(식물)

부수	牛(소우)부
총획	8획
뜻	물건, 일, 살피다
반	心(마음 심)

아래의 한자를 써보세요.

物 物 物 物 物 物 物 物

모 방

배를 언덕에 묶어 놓은 모양. 또는 칼을 칼꽂이에 꽂아 놓은 모양.

- 方面(방면) 어떤 방향의 지역 또는 분야나 부문.
- 方寸(방촌) 한 치 사방의 넓이. 마음 속.
- 四方(사방) 동·서·남·북의 네 방향. 둘레의 모든 방향.

활용 東方(동방) 方正(방정) 北方(북방)

부수	方(모방)부
총획	4획
뜻	방법, 방위, 네모

方 方 方 方

아래의 한자를 써보세요.

方	方	方	方	方	方	方	方	方	方
모방	모방	모방	모방	모방	모방	모방	모방	모방	모방
方	方	方	方	方	方	方	方	方	方

四方	四方	四方	四方	四方
사방	사방	사방	사방	사방

百
일백 백

부수	白(흰백)부
총획	6획
뜻	일백, 많다

머리카락이 하얗게 센 사람 머리에 'ㅡ'을 합친 글자로, 후에 '일백, 많다'를 뜻함.

- 百日(백일) 백 날 동안. 아이가 태어난 지 백 일째 되는 날.
- 百萬(백만) 만의 백 갑절. 썩 많은 수.
- 百姓(백성) 일반 국민의 예스러운 말.

활용 百年(백년) 百方(백방)

百百百百百百

아래의 한자를 써보세요.

百	百	百	百	百	百	百	百	百	百
일백 백	일백 백	일백 백	일백 백	일백 백	일백 백	일백 백	일백 백	일백 백	일백 백
百	百	百	百	百	百	百	百	百	百

百姓	百姓	百姓	百姓	百姓
백성	백성	백성	백성	백성

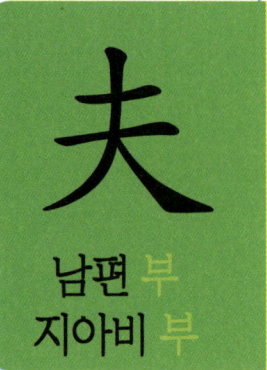

남편 부
지아비 부

사람(大) 머리 위에 모자(一)를 쓴 남자 모습을 나타낸 글자로, '남편, 지아비'을 뜻함.

- 夫人(부인) 남의 아내의 높임말.
- 村夫(촌부) 시골에 사는 남자.
- 有夫女(유부녀) 남편이 있는 여자.

활용 夫子(부자)
　　　 大夫人(대부인)
　　　 農夫(농부)

부수	大(큰대)부
총획	4획
뜻	남편, 남자

夫 二 夫 夫

아래의 한자를 써보세요.

夫 夫 夫 夫 夫 夫 夫 夫 夫 夫
남편부 남편부 남편부 남편부 남편부 남편부 남편부 남편부 남편부 남편부

夫 夫 夫 夫 夫 夫 夫 夫 夫 夫

夫 夫 夫 夫 夫 夫 夫 夫 夫 夫

農夫　農夫　農夫　農夫　農夫
농부　농부　농부　농부　농부

農夫　農夫　農夫　農夫　農夫

不 아닐 부/불

새가 하늘 높이 날아오르는 것을 본뜬 글자. 날아오른 새는 내려오지 않음을 뜻함.

- 不老(불로) 늙지 않음.
- 不知(부지) 알지 못함.
- 不老長生(불로장생) 늙지 않고 오래오래 삶.

활용 不動(부동)　不自然(부자연)
　　　不足(부족)　不問(불문)
　　　不安(불안)　不便(불편)
　　　不平(불평)　不孝(불효)

부수	一(한일)부
총획	4획
뜻	아니다

不 不 不 不

아래의 한자를 써보세요.

不	不	不	不	不	不	不	不	不	不
아닐 부	아닐 부	아닐 부	아닐 부	아닐 부	아닐 부	아닐 부	아닐 부	아닐 부	아닐 부
不	不	不	不	不	不	不	不	不	不
不	不	不	不	不	不	不	不	不	不

不平	不平	不平	不平	不平
불평	불평	불평	불평	불평
不平	不平	不平	不平	不平

일 사

깃발 달린 깃대를 세운 모양을 본뜬 글자로, '일'이라는 뜻을 나타냄.

- 事物(사물) 일과 물건. 사건과 목적물.
- 事前(사전) 어떤 일이 있기 전. 또는 어떤 일을 시작하기 전.
- 事後(사후) 일이 끝난 뒤. ↔ 사전(事前).

활용 軍事(군사) 農事(농사) 事大(사대) 家事(가사)
      工事(공사) 記事(기사)

부수	亅(갈고리궐)부
총획	8획
뜻	일, 섬기다

事 事 事 事 事 事 事 事

아래의 한자를 써보세요.

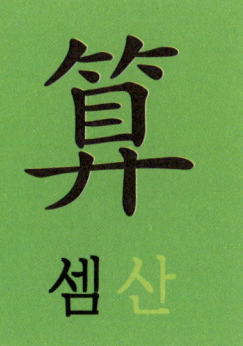

算 셈 산

산가지나 주판을 손에 잡고 계산하는 모양을 본뜬 글자로, '셈하다'라는 뜻을 나타냄.

- 算數(산수) 기초적인 셈법. 수학.
- 算出(산출) 계산해 내는 것.
- 計算(계산) 식을 연산하여 값을 구하여 내는 일. 셈.

활용 電算(전산)

부수	竹(대죽)부
총획	14획
뜻	셈하다, 산수

算算算算算算算算算算算算算算

◆ 아래의 한자를 써보세요.

算	算	算	算	算	算	算	算	算	算
셈산	셈산	셈산	셈산	셈산	셈산	셈산	셈산	셈산	셈산

算數	算數	算數	算數	算數
산수	산수	산수	산수	산수

확인학습 4 회

1 다음 한자어(漢字語)의 독음(讀音)을 써 보자.

1) 文學		2) 問安	
3) 算數		4) 人物	
5) 四方		6) 事大	
7) 生命		8) 百姓	
9) 不孝		10) 夫人	

2 다음 한자(漢字)의 훈(訓 : 뜻)과 음(音 : 소리)을 써 보자.

1) 物		2) 不	
3) 事		4) 算	
5) 命		6) 文	
7) 問		8) 夫	
9) 方		10) 百	

3 다음 한자어(漢字語)의 뜻을 써 보자.

1) 問答 (   )

2) 事後 (   )

※ 실제 시험에서는 한자(漢字) 쓰기 문제는 출제되지 않습니다.

4 다음 (   ) 속에 들어갈 알맞은 한자(漢字)를 써 보자.

1) 天 (   ) : 타고난 수명. 하늘의 명령.

2) (   ) 日 : 백 날 동안. 아이가 태어난 지 백 날째 되는 날.

3) 東 (   ) 西答 : 묻는 말에 전혀 어울리지 않는 대답을 함.

4) (   ) 出 : 계산해 내는 것.

5) (   ) 物 : 일과 물건.

5 다음 문장에서 밑줄 친 단어와 같은 뜻을 지닌 한자(漢字)를 써 보자.

1) 범인은 형사가 <u>묻는</u> 말에 순순히 대답했다.   (   )

2) 나라를 위해 <u>목숨</u>을 바친 순국선열을 기리는 날이다. (   )

3) 새로운 <u>물건</u>만 보면 욕심이 생긴다.   (   )

4) 모든 <u>일</u>에는 순서가 있다.   (   )

5) <u>남편</u>을 따라 아프리카에 살기로 했다.   (   )

6 다음 한자(漢字)의 상대어 또는 반대어를 써 보자.

1) 問 (   )   2) 物 (   )

7 다음 한자(漢字)를 필순대로 써 보자.

1) 物 (   )

2) 算 (   )

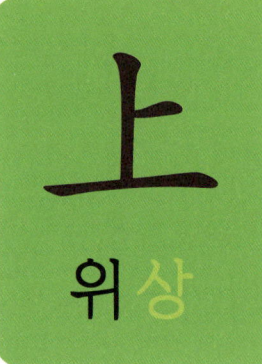

일정한 위치를 'ㅡ'로 표시하고 그 위에 물건이 놓이는 지점을 '위쪽' 또는 '높다'고 함.

- 上命(상명) 상부의 명령. 임금의 명령.
- 上空(상공) 높은 하늘.
- 上下(상하) 위와 아래.

활용 上氣(상기)　上中下(상중하)　地上(지상)
　　　海上(해상)

부수	ㅡ(한일)부
총획	3획
뜻	위, 오르다
반	下(아래 하)

上 上 上

아래의 한자를 써보세요.

빛 색

사람의 심정이 얼굴빛에 나타나는 모양을 본뜬 글자로 '빛'을 뜻함.

- 色紙(색지) 색종이.
- 色色(색색) 여러 가지의 빛깔. 여러 가지. 가지각색.
- 白色(백색) 하얀 빛깔.

활용 月色(월색) 一色(일색) 氣色(기색)
     十人十色(십인십색)

부수	色(빛색)부
총획	6획
뜻	빛

色 色 色 色 色 色

✱ 아래의 한자를 써보세요.

色	色	色	色	色	色	色	色	色	色
빛색	빛색	빛색	빛색	빛색	빛색	빛색	빛색	빛색	빛색
色	色	色	色	色	色	色	色	色	色
色	色	色	色	色	色	色	色	色	色

色紙	色紙	色紙	色紙	色紙
색지	색지	색지	색지	색지
色紙	色紙	色紙	色紙	色紙

저녁 석

초저녁 밤하늘에 뜬 초승달. 달 월(月)에 한 획을 줄여 달이 뜨려고 할 무렵, '초저녁'을 뜻함.

- 夕日(석일) 석양. 저녁 해.
- 秋夕(추석) 우리 나라 명절의 하나. 음력 8월 15일. 한가위.
- 夕食(석식) 저녁식사

활용 一夕(일석)   月夕(월석)   七夕(칠석)

부수	夕(저녁석)부
총획	3획
뜻	저녁

夕 夕 夕

아래의 한자를 써보세요.

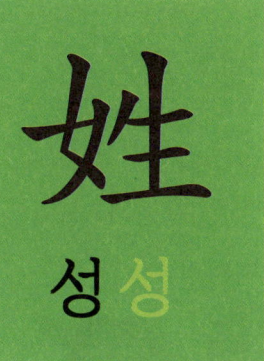

성 성

계집 녀(女)와 날 생(生). 여자가 자식을 낳으면 이름을 짓는 것으로, '성'을 뜻함.

- 姓名(성명) 성과 이름.
- 姓氏(성씨) 성을 높여 이르는 말.
- 同姓(동성) 같은 성.

활용 百姓(백성)

부수	女(계집녀)부
총획	8획
뜻	성, 백성

아래의 한자를 써보세요.

世

인간 세

열 십(十)을 세 번 합쳐 30년을 뜻함. 인생의 일대(一代)를 30년(20~50세)으로 보아 '대, 세대'를 뜻함.

- 一世(일세) 사람의 일생.
- 世間(세간) 사람들이 살아가는 곳. 세상.
- 世上(세상) 사회. 사는 동안. 한평생. (특정의) 시대. 시절.

활용 世家(세가) 世道(세도) 世人(세인)
　　 世上萬事(세상만사)

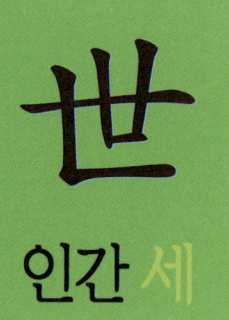

부수	一(한일)부
총획	5획
뜻	세상, 시대

一十世世世

아래의 한자를 써보세요.

世	世	世	世	世	世	世	世	世	世
인간 세	인간 세	인간 세	인간 세	인간 세	인간 세	인간 세	인간 세	인간 세	인간 세

世上	世上	世上	世上	世上
세상	세상	세상	세상	세상

젊을·적을 소

작을 소(小)와 삐침 별(丿). 물체의 일부분이 떨어져 나가 적어짐을 뜻함.

- 少年(소년) 사내 아이. 20세 미만의 사람.
- 少數(소수) 적은 수효. ↔ 多數(다수).
- 少女(소녀) 아주 어리지도 않고 성숙하지도 않은 여자 아이.

활용 少年家長(소년가장) 男女老少(남녀노소) 年少(연소)

부수	小(작을소)부
총획	4획
뜻	적다, 젊다
상대	老·多 (늙을로·많을다)

丿 小 小 少

✦ 아래의 한자를 써보세요.

少	少	少	少	少	少	少	少	少	少
적을소	적을소	적을소	적을소	적을소	적을소	적을소	적을소	적을소	적을소

少年	少年	少年	少年	少年
소년	소년	소년	소년	소년

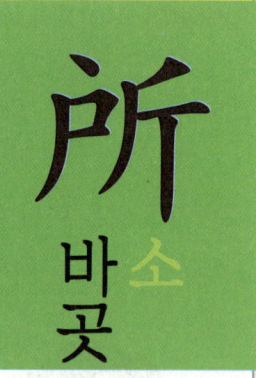

所
바 소
곳

부수	戶(지게호)부
총획	8획
뜻	곳, 장소

문(戶)과 도끼(斤)를 합한 글자로, 도끼는 집에 둔다는 의미로 '장소, 곳'을 뜻함.

- 所有(소유) 자기 것으로 가지는 일.
- 便所(변소) 대소변을 볼 수 있게 만든 곳.
- 住所(주소) 실질적인 생활의 근거가 되는 거주지를 말함.

활용 所出(소출) 所重(소중) 名所(명소) 場所(장소)

所 所 所 所 所 所 所 所

아래의 한자를 써보세요.

所	所	所	所	所	所	所	所	所	所
바소	바소	바소	바소	바소	바소	바소	바소	바소	바소
所	所	所	所	所	所	所	所	所	所
所	所	所	所	所	所	所	所	所	所

便所	便所	便所	便所	便所
변소	변소	변소	변소	변소
便所	便所	便所	便所	便所

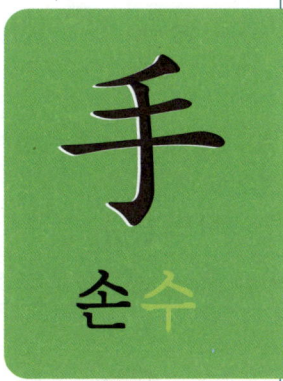

다섯 손가락을 편 손의 모양을 본뜬 글자.

- 手足(수족) 손발. 손발처럼 마음대로 부리는 사람의 비유.
- 名手(명수) 솜씨나 소질이 뛰어난 사람.
- 手工(수공) 손으로 만듦.

활용 手旗(수기) 手記(수기) 手中(수중) 手動(수동)
　　　手話(수화) 手中(수중) 入手(입수) 歌手(가수)

부수	手(손수)부
총획	4획
뜻	손, 재주, 사람
상대	足 (발 족)

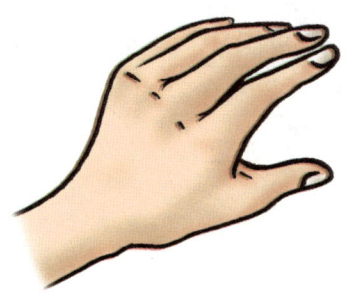

手 丆 三 手

아래의 한자를 써보세요.

手	手	手	手	手	手	手	手	手	手
손수	손수	손수	손수	손수	손수	손수	손수	손수	손수
手	手	手	手	手	手	手	手	手	手
手	手	手	手	手	手	手	手	手	手

手足	手足	手足	手足	手足
수족	수족	수족	수족	수족
手足	手足	手足	手足	手足

數 셈 수

여럿 루(婁 : 여자들을 늘어놓은 모양)와 칠 복(攵). 여러 번 두드리며 그 수를 세는 것을 뜻함.

- 數學(수학) 수 및 공간 도형의 성질을 논하는 학문의 총칭.
- 名數(명수) 사람의 수효.
- 數三(수삼) 수량이 두서너 개임을 나타내는 말.

활용 數月(수월) 數日(수일) 며칠 數字(숫자) 數千(수천) 年數(연수)

부수	攵(등글월문)부
총획	15획
뜻	세다, 몇

數 ㄱ 婁 數 婁 婁 婁 婁 婁 婁 婁 婁 數 數 數 數

아래의 한자를 써보세요.

數	數	數	數	數	數	數	數	數	數
셈수	셈수	셈수	셈수	셈수	셈수	셈수	셈수	셈수	셈수
數	數	數	數	數	數	數	數	數	數

數千	數千	數千	數千	數千
수천	수천	수천	수천	수천
數千	數千	數千	數千	數千

市
저자 시

부수	巾(수건건)부
총획	5획
뜻	시장, 시가, 행정구역

생활에 필요한 옷감(巾)을 사기 위해서 가야 하는 곳. '저자(시장)'을 뜻함.

- 市民(시민) 시의 주민. 국정에 참여할 지위에 있는 국민.
- 市長(시장) 시의 행정을 책임지는 장(長).
- 市內(시내) 도시의 안.

활용 市立(시립)　市場(시장)　市有地(시유지)

市 市 市 市 市

아래의 한자를 써보세요.

市	市	市	市	市	市	市	市	市	市
저자 시	저자 시	저자 시	저자 시	저자 시	저자 시	저자 시	저자 시	저자 시	저자 시
市	市	市	市	市	市	市	市	市	市

市民	市民	市民	市民	市民
시민	시민	시민	시민	시민

확인학습 5 회

1 다음 한자어(漢字語)의 독음(讀音)을 써 보자.

1) 上下		2) 同姓	
3) 世道		4) 名所	
5) 手中		6) 數日	
7) 市內		8) 少女	
9) 秋夕		10) 白色	

2 다음 한자(漢字)의 훈(訓 : 뜻)과 음(音 : 소리)을 써 보자.

1) 少		2) 姓	
3) 夕		4) 世	
5) 手		6) 市	
7) 上		8) 數	
9) 色		10) 所	

3 다음 한자어(漢字語)의 뜻을 써 보자.

1) 市場 (   )

2) 手工 (   )

※ 실제 시험에서는 한자(漢字) 쓰기 문제는 출제되지 않습니다.

4 다음 (   ) 속에 들어갈 알맞은 한자(漢字)를 써 보자.

1) (   ) 命 : 상부의 명령. 임금의 명령.

2) 十人十 (   ) : 사람마다 좋아하는 것이나 생각하는 바가 가지각색임.

3) (   ) 年 : 사내 아이. 20 세 미만의 사람.

4) (   ) 記 : 자기의 체험을 자신이 적은 글.

5) (   ) 重 : 매우 귀중함.

5 다음 문장에서 밑줄 친 단어와 같은 뜻을 지닌 한자(漢字)를 써 보자.

1) 책상 <u>위</u>에 쌓여 있는 책을 정리하였다.   (   )

2) <u>저녁</u> 노을을 보며 하루를 되돌아 보았다.   (   )

3) 약속 장소는 그 <u>곳</u>으로 정하자.   (   )

4) 어머니의 따뜻한 <u>손</u>으로 아픈 배를 만져 주었다. (   )

5) <u>젊</u>어서 고생은 사서도 한다.   (   )

6 다음 한자(漢字)의 상대어 또는 반대어를 써 보자.

1) 手 (   )   2) 上 (   )

3) 少 (   )

7 다음 한자(漢字)를 필순대로 써 보자.

1) 少 (   )

2) 數 (   )

날 일(日)과 갈 지(土·之)와 규칙 촌(寸). 해가 규칙적으로 움직인다는 것으로 '때, 철'을 뜻함.

- 時間(시간) 어떤 시각에서 어떤 시각과의 사이.
- 日時(일시) 날과 때. 또, 날짜와 시간.
- 時空(시공) 시간과 공간.

활용 時事(시사)　時日(시일)　同時(동시)

부수	日(날일)부
총획	10획
뜻	때, 철

時 時 時 時 時 時 時 時 時 時

아래의 한자를 써보세요.

時	時	時	時	時	時	時	時	時	時
때시	때시	때시	때시	때시	때시	때시	때시	때시	때시

日時	日時	日時	日時	日時
일시	일시	일시	일시	일시

밥·먹을 식

밥을 그릇에 수북히 담은 모양을 본뜬 글자.

- 食事(식사) 음식을 먹음. 또, 그 음식.
- 小食(소식) 음식을 적게 먹음. 또, 그 적은 분량.
- 食口(식구) 같은 집에서 끼니를 함께 하며 사는 사람.

활용 食道(식도) 食生活(식생활) 食水(식수) 食前(식전)
食後(식후) 外食(외식) 大食家(대식가) 草食(초식)

부수	食(밥식)부
총획	9획
뜻	밥, 음식, 먹다

食 食 食 食 食 食 食 食 食

아래의 한자를 써보세요.

食	食	食	食	食	食	食	食	食	食
밥식	밥식	밥식	밥식	밥식	밥식	밥식	밥식	밥식	밥식
食	食	食	食	食	食	食	食	食	食

食水	食水	食水	食水	食水
식수	식수	식수	식수	식수

심을 식

나무 목(木)과 곧을 직(直). 나무 등 초목은 곧게 세워 심어야 잘 자라는 것으로 '심다'를 뜻함.

- 植木(식목) 나무를 심는 것. 또, 그 나무.
- 植物(식물) 생물을 동물과 함께 나눈 한 부분을 일컫는 말.
- 植字(식자) 원고에 맞추어 활자로 판을 짬.

활용 植木日(식목일)

부수	木(나무목)부
총획	12획
뜻	심다, 식물

植植植植植植植植植植

✖ 아래의 한자를 써보세요.

心 마음 심

사람 심장의 모양을 본뜬 글자.

- 心動(심동) 마음이 움직임. 마음이 솔깃함.
- 心事(심사) 마음 속에 생각하는 일.
- 心氣(심기) 마음으로 느끼는 기분.

활용 心力(심력) 心算(심산) 心中(심중) 心地(심지)
　　　人心(인심) 內心(내심) 安心(안심) 中心(중심)

부수	心(마음심)부
총획	4획
뜻	마음, 심장, 한가운데
상대	物 (물건 물)

心 心 心 心

✱ 아래의 한자를 써보세요.

心	心	心	心	心	心	心	心	心	心
마음 심	마음 심	마음 심	마음 심	마음 심	마음 심	마음 심	마음 심	마음 심	마음 심

安心	安心	安心	安心	安心
안심	안심	안심	안심	안심

여자가 집안에 있으면서 집안 일을 돌보니 집안이 '편안하다'를 뜻함.

- 安心(안심) 마음을 편안히 가짐.
- 安全(안전) 평안하여 위험이 없음. 탈이 없음.
- 安民(안민) 백성이 편안히 살 수 있도록 함.

활용 安住(안주) 問安(문안)
　　　不安(불안) 便安(편안)

편안 안

부수	宀(갓머리)부
총획	6획
뜻	편안하다

安安安安安安

✖ 아래의 한자를 써보세요.

安	安	安	安	安	安	安	安	安	安
편안 안	편안 안	편안 안	편안 안	편안 안	편안 안	편안 안	편안 안	편안 안	편안 안
安	安	安	安	安	安	安	安	安	安
安	安	安	安	安	安	安	安	安	安

安全	安全	安全	安全	安全
안전	안전	안전	안전	안전
安全	安全	安全	安全	安全

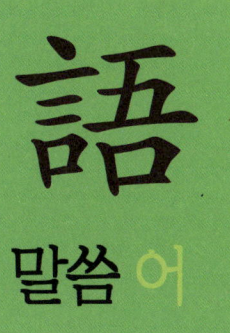

말씀 언(言)과 나 오(吾). 나의 의견을 말하는 것으로 '말하다, 말씀'을 뜻함.

- 語氣(어기) 말하는 기세. 또, 말의 기운. 語勢(어세).
- 漢語(한어) 중국인이 쓰는 말. 중국어.
- 語學(어학) 외국어를 학습하는 학문.

활용 語文(어문)　漢字語(한자어)　外國語(외국어)
　　　外來語(외래어)　國語(국어)

부수	言(말씀언)부
총획	14획
뜻	말씀, 말하다

語語語語語語語語語語語語語

✱ 아래의 한자를 써보세요.

語	語	語	語	語	語	語	語	語	語
말씀 어	말씀 어	말씀 어	말씀 어	말씀 어	말씀 어	말씀 어	말씀 어	말씀 어	말씀 어

語學	語學	語學	語學	語學
어학	어학	어학	어학	어학

그럴 연

개(犬)고기(月·肉)를 불에 태우는 모양을 나타낸 글자로, '태우다', 후에 '그러하다'를 뜻함.

- 然後(연후) 그러한 뒤.
- 自然(자연) 사람의 손에 의하지 않고 존재하는 것이나 일어나는 현상.
- 天然(천연) 자연 그대로의 상태.

활용 天然色(천연색)

부수	灬(火, 연화발)부
총획	12획
뜻	그러하다

然 ク 夕 夕 夕 外 妖 妖 然 然 然 然

아래의 한자를 써보세요.

然	然	然	然	然	然	然	然	然	然
그럴 연	그럴 연	그럴 연	그럴 연	그럴 연	그럴 연	그럴 연	그럴 연	그럴 연	그럴 연
然	然	然	然	然	然	然	然	然	然
然	然	然	然	然	然	然	然	然	然

自然	自然	自然	自然	自然
자연	자연	자연	자연	자연
自然	自然	自然	自然	自然

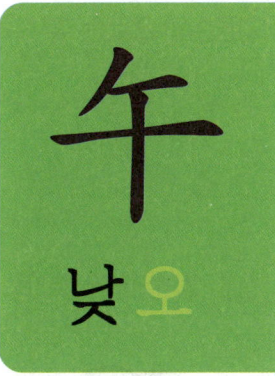

午
낮 오

절구질할 때 들어올린 절굿공이의 모양. 오전 11시부터 오후 1시 사이 '한낮'을 뜻함.

- 午前(오전) 밤 열두 시부터 낮 열두 시까지의 시간.
- 午後(오후) 정오로부터 밤 12시까지의 동안. 下午(하오).
- 正午(정오) 낮 12시. 午正(오정).

활용 午時(오시) 子午(자오)

부수	十(열십)부
총획	4획
뜻	낮

午 午 午 午

아래의 한자를 써보세요.

午 (낮 오) × 10
午 × 10
午 × 10
午前 (오전) × 5
午前 × 5

右 오른 우

또 우(又)와 입 구(口). 일을 할 때 오른손만으로는 부족하여 입으로 돕는다는 뜻임.

- 右便(우편) 오른쪽. ↔ 左便(좌편).
- 左右(좌우) 왼쪽과 오른쪽. 옆 또는 곁.
- 右手(우수) 오른손

활용 左右間(좌우간) 右心室(우심실) 右中間(우중간)
　　　右便(우편) 右向右(우향우)

부수	口(입구)부
총획	5획
뜻	오른쪽
반	左(왼 좌)

一ナナ右右

아래의 한자를 써보세요.

右	右	右	右	右	右	右	右	右	右
오른 우	오른 우	오른 우	오른 우	오른 우	오른 우	오른 우	오른 우	오른 우	오른 우
右	右	右	右	右	右	右	右	右	右
右	右	右	右	右	右	右	右	右	右

左右	左右	左右	左右	左右
좌우	좌우	좌우	좌우	좌우
左右	左右	左右	左右	左右

有 있을 유

또 우(又)와 고기 육(肉). 손에 고기를 쥐고 있는 것으로 '가지고 있음'을 뜻함.

- 有口(유구) 입이 있음.
- 有名(유명) 이름이 세상에 널리 알려져 있는 것.
- 有力(유력) 힘이 있음. 가능성이 많음.

활용 有色(유색) 山有花(산유화) 有事時(유사시)
      國有(국유) 所有(소유)

부수	月(달월)부
총획	6획
뜻	있다, 가지다

有 有 有 有 有 有

아래의 한자를 써보세요.

有	有	有	有	有	有	有	有	有	有
있을 유	있을 유	있을 유	있을 유	있을 유	있을 유	있을 유	있을 유	있을 유	있을 유
有	有	有	有	有	有	有	有	有	有
有	有	有	有	有	有	有	有	有	有

有明	有明	有明	有明	有明
유명	유명	유명	유명	유명
有明	有明	有明	有明	

확인학습 6회

1 다음 한자어(漢字語)의 독음(讀音)을 써 보자.

1) 右手		2) 不安	
3) 自然		4) 日時	
5) 午前		6) 中心	
7) 有力		8) 間食	
9) 植物		10) 語學	

2 다음 한자(漢字)의 훈(訓 : 뜻)과 음(音 : 소리)을 써 보자.

1) 然		2) 有	
3) 語		4) 安	
5) 食		6) 心	
7) 午		8) 右	
9) 時		10) 植	

3 다음 한자어(漢字語)의 뜻을 써 보자.

1) 有名 (   )

2) 天然 (   )

※ 실제 시험에서는 한자(漢字) 쓰기 문제는 출제되지 않습니다.

4 다음 (　) 속에 들어갈 알맞은 한자(漢字)를 써 보자.

1) (　) 日 : 정해진 기간이나 날짜.

2) 人(　) : 남을 도와 주고 헤아려 주는 사람의 마음.

3) 問(　) : 아랫사람이 웃어른께 안부를 여쭘.

4) (　) 事 : 음식을 먹음.

5) 國(　) : 나라의 소유.

5 다음 문장에서 밑줄 친 단어와 같은 뜻을 지닌 한자(漢字)를 써 보자.

1) 겉모습만 가꾸지 말고 마음도 가꾸어야 한다. (　)

2) 어제 아빠와 함께 나무를 심었다. (　)

3) 차들은 오른쪽 길, 사람들은 왼쪽 길로 가야 한다. (　)

4) 여권이 있어야 외국에 갈 수 있다. (　)

5) 때는 바야흐로 꽃피는 3월이었다. (　)

6 다음 한자(漢字)의 상대어 또는 반대어를 써 보자.

1) 右 (　)　　　　2) 心 (　)

7 다음 한자(漢字)를 필순대로 써 보자.

1) 心 (　)

2) 有 (　)

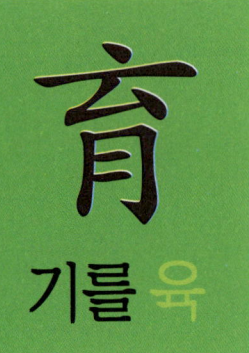

育 기를 육

잘라 낸 한 점의 고깃덩이를 본뜬 글자.

- 育林(육림) 산이나 들에 계획적으로 나무를 심거나 씨를 뿌려 가꾸는 일.
- 生育(생육) 낳아서 기르는 것.
- 育成(육성) 길러서 자라게 함.

활용 敎育(교육)   敎育大學(교육대학)

부수	月(肉, 육달월)부
총획	8획
뜻	기르다

育 育 育 育 育 育 育 育

✗ 아래의 한자를 써보세요.

育	育	育	育	育	育	育	育	育	育
기를 육	기를 육	기를 육	기를 육	기를 육	기를 육	기를 육	기를 육	기를 육	기를 육

生育	生育	生育	生育	生育
생육	생육	생육	생육	생육

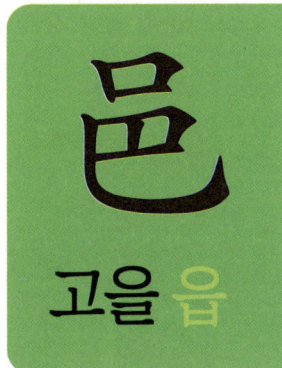

고을 읍

둘러쌀 위(圍)와 병부 절(卩: 사람). 일정한 경계 안에 사람이 모여 사는 '마을, 고을'을 뜻함.

- 邑長(읍장) 읍의 행정 사무를 통괄하는 우두머리.
- 市邑面(시읍면) 시와 읍과 면.

활용 邑內(읍내) 邑民(읍민)

부수	邑(고을읍)부
총획	7획
뜻	고을, 마을, 도읍

邑邑邑邑邑邑邑

아래의 한자를 써보세요.

邑	邑	邑	邑	邑	邑	邑	邑	邑	邑
고을 읍	고을 읍	고을 읍	고을 읍	고을 읍	고을 읍	고을 읍	고을 읍	고을 읍	고을 읍
邑	邑	邑	邑	邑	邑	邑	邑	邑	邑
邑	邑	邑	邑	邑	邑	邑	邑	邑	邑

邑內	邑內	邑內	邑內	邑內
읍내	읍내	읍내	읍내	읍내
邑內	邑內	邑內	邑內	邑內

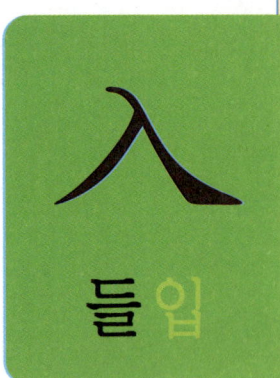

하나의 줄기 밑에 뿌리가 갈라져 땅 속으로 뻗어 들어가는 모양.

- 入口(입구) 들어가는 어귀. 들어가는 문.
- 入場(입장) 경기장 등의 장내로 들어감.
- 入國(입국) 자기 나라나 남의 나라에 들어감.

활용
入金(입금) 入力(입력)
入門(입문) 入手(입수)
入場(입장) 入學(입학)
入住(입주) 記入(기입)

부수	入(들입)부
총획	2획
뜻	들어가다, 들어오다, 넣다

丿 入

아래의 한자를 써보세요.

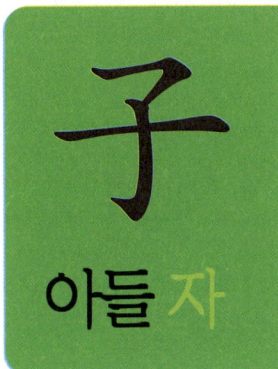

子 아들 자

갓난아이가 두 팔을 벌리고 있는 모양을 본뜬 글자.

- 子女(자녀) 아들과 딸.
- 子母(자모) 아들과 어머니.
- 子弟(자제) 남의 아들을 높여 이르는 말.

활용 子時(자시)   子正(자정)   父子(부자)   長子(장자)
　　　王子(왕자)   孝子(효자)

부수	子(아들자)부
총획	3획
뜻	아들, 자식, 씨

子 了 子

아래의 한자를 써보세요.

子	子	子	子	子	子	子	子	子	子
아들 자	아들 자	아들 자	아들 자	아들 자	아들 자	아들 자	아들 자	아들 자	아들 자
子	子	子	子	子	子	子	子	子	子
子	子	子	子	子	子	子	子	子	子

孝子	孝子	孝子	孝子	孝子
효자	효자	효자	효자	효자
孝子	孝子	孝子	孝子	孝子

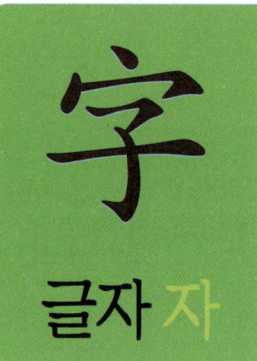

字 글자 자

부수	子(아들자)부
총획	6획
뜻	글자

움집 안에서 아이가 태어나고 자식을 소중히 기른다는 것으로, '글자, 양육하다'를 뜻함.

- 文字(문자) 말의 소리나 뜻을 나타내는 글자.
- 漢字(한자) 중국어를 표기하는 중국 고유의 문자.
- 正字(정자) 자체를 바르게 또박또박 쓴 글자. 한자의 본래의 글자.

활용 同字(동자) 數字(숫자) 字母(자모)

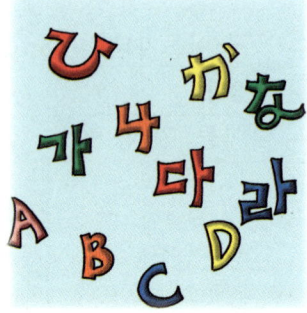

字 字 字 字 字 字

아래의 한자를 써보세요.

字	字	字	字	字	字	字	字	字	字
글자 자	글자 자	글자 자	글자 자	글자 자	글자 자	글자 자	글자 자	글자 자	글자 자
字	字	字	字	字	字	字	字	字	字

數字	數字	數字	數字	數字
숫자	숫자	숫자	숫자	숫자

自

스스로 자

사람의 코 모양을 본뜬 글자. '나'를 말할 때 자기 코를 가리켰기 때문에 '나, 자신, 스스로'를 뜻함.

- 自力(자력) 제 스스로의 힘.
- 自立(자립) 남의 힘을 입지 않고 스스로 섬.
- 自動(자동) 제힘으로 움직임.

활용 自問(자문) 自生(자생) 自然(자연) 自足(자족)
自主(자주) 自動車(자동차) 自國(자국) 자기 나라.
自國民(자국민)

부수	自(스스로자)부
총획	6획
뜻	스스로, 자기 자신

自 自 自 自 自 自

✱ 아래의 한자를 써보세요.

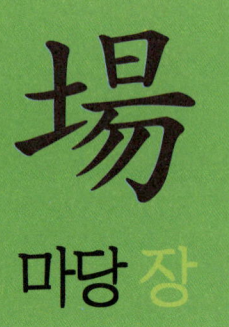

마당 **장**

부수	土(흙토)부
총획	12획
뜻	마당, 장소

흙 토(土)와 빛날 양(昜). 햇볕이 잘 드는 양지바른 곳, 즉 '마당, 장소'를 뜻함.

- 場所(장소) 무엇이 있거나 일이 벌어지거나 하는 곳. 자리.
- 市場(시장) 상품을 사고파는 장소.
- 農場(농장) 농지와 농사에 필요한 설비를 갖추고 농업을 하는 장소.

활용 工場(공장)
場面(장면)
登場(등장)

아래의 한자를 써보세요.

全 온전 전

들 입(入)과 구슬 옥(玉 : 王의 획 줄임). 사람 손에 의해 옥이 가공되어 완전한 것이 된다는 뜻임.

- 全面(전면) 모든 면.
- 全長(전장) 전체의 길이.
- 全國(전국) 한 나라의 전체. 온 나라.

활용 全國民(전국민) 全力(전력)
　　　萬全(만전) 安全(안전)

부수	入(들입)부
총획	6획
뜻	온전하다, 전부

全 亻 亼 仐 佘 全 全

아래의 한자를 써보세요.

全	全	全	全	全	全	全	全	全	全
온전 전	온전 전	온전 전	온전 전	온전 전	온전 전	온전 전	온전 전	온전 전	온전 전

全力	全力	全力	全力	全力
전력	전력	전력	전력	전력

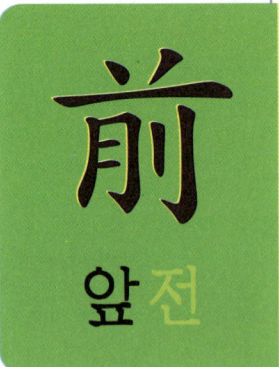

앞 전

칼(刀)로 묶어 놓았던 배(舟)의 밧줄을 끊으면 배가 앞으로 나아가는 것을 뜻함.

- 前記(전기) 앞에 적는 것. 또, 그 기록.
- 前後(전후) 앞뒤. 일의 먼저나 나중. 일의 경위. 선후.
- 事前(사전) 일이 있기 전.

활용 年前(연전) 生前(생전) 前生(전생) 前文(전문)
      前方(전방)

부수	刂(刀, 선칼도방)부
총획	9획
뜻	앞
반	後(뒤 후)

前前前前前前前前前

아래의 한자를 써보세요.

電
번개 전

비우(雨)와 펼신(申). 비가 올 때 번쩍번쩍 빛을 펼치는 '번개'를 뜻함.
- 電氣(전기) 물질 안에 있는 전자의 이동으로 생기는 에너지의 한 형태.
- 電力(전력) 전기의 힘.
- 電動車(전동차) 전력으로 달릴 수 있게 만든 차량.

활용 電工(전공) 電子(전자) 電車(전차) 電話(전화) 家電(가전)

부수	雨(비우)부
총획	13획
뜻	번개, 전기

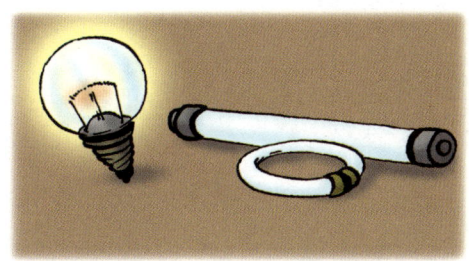

電電電電電電電電電電電電電

아래의 한자를 써보세요.

電	電	電	電	電	電	電	電	電	電
번개 전	번개 전	번개 전	번개 전	번개 전	번개 전	번개 전	번개 전	번개 전	번개 전
電	電	電	電	電	電	電	電	電	電

電車	電車	電車	電車	電車
전차	전차	전차	전차	전차
電車	電車	電車	電車	電車

확인학습 7 회

1 다음 한자어(漢字語)의 독음(讀音)을 써 보자.

1) 自力		2) 敎育	
3) 場面		4) 邑民	
5) 全國		6) 入手	
7) 前生		8) 子弟	
9) 電話		10) 文字	

2 다음 한자(漢字)의 훈(訓:뜻)과 음(音:소리)을 써 보자.

1) 子		2) 育	
3) 自		4) 場	
5) 全		6) 前	
7) 電		8) 字	
9) 入		10) 邑	

3 다음 한자어(漢字語)의 뜻을 써 보자.

1) 漢字 (   )

2) 自動 (   )

※ 실제 시험에서는 한자(漢字) 쓰기 문제는 출제되지 않습니다.

4 다음 (   ) 속에 들어갈 알맞은 한자(漢字)를 써 보자.

1) 孝 (   ) : 효성이 지극한 아들.

2) (   ) 立 : 남의 힘을 입지 않고 스스로 섬.

3) (   ) 後 : 앞뒤. 일의 먼저나 나중.

4) 家 (   ) : 가정에서 쓰는 전기 제품.

5) (   ) 國 : 자기 나라나 남의 나라에 들어감.

5 다음 문장에서 밑줄 친 단어와 같은 뜻을 지닌 한자(漢字)를 써 보자.

1) 우리 나라는 <u>아들</u> 선호 사상이 심한 편이다.   (   )

2) 남이 시켜서가 아닌 <u>스스로</u> 잘하는 학생이었다.   (   )

3) 이렇게 자랑스럽게 <u>길러</u>주신 어머님께 감사드린다. (   )

4) <u>번개</u>의 영향으로 정전이 되었다.   (   )

5) 너무 아름다운 풍경이 내 <u>앞</u>에 펼쳐졌다.   (   )

6 다음 한자(漢字)의 상대어 또는 반대어를 써 보자.

1) 入 (   )   2) 子 (   )   3) 前 (   )

7 다음 한자(漢字)를 필순대로 써 보자.

1) 電 (   )

2) 邑 (   )

바를 정

한 일(一)과 발 지(止). 정지선(一)에 바르게(正) 멈춘다(止)는 것으로 '바르다'를 뜻함.

- 正答(정답) 바른 답. 옳은 답.
- 正面(정면) 바로 마주 보이는 면.
- 正直(정직) 거짓·허식이 없이 마음이 바르고 곧음.

활용 正南方(정남방) 正大(정대) 正道(정도) 正門(정문)
正午(정오) 不正(부정) 正月(정월)

부수	止(그칠지)부
총획	5획
뜻	바르다, 바로잡다

正 丁 下 正 正

아래의 한자를 써보세요.

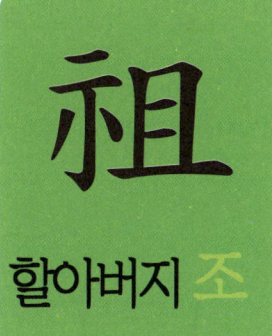

祖
할아버지 조

보일 시(示)와 도마 조(且). 제상 위에 제물을 차려 제사를 지내는 대상은 '조상'이라는 뜻임.

- 祖上(조상) 돌아가신 어버이 위로 대대의 어른.
- 同祖(동조) 조상이 같음. 또, 같은 조상.
- 祖國(조국) 조상 때부터 대대로 살아 온 나라.

활용 祖父母(조부모) 先祖(선조)

부수	示(보일시)부
총획	10획
뜻	할아버지, 선조, 시초

祖 祖 祖 祖 祖 祖 祖 祖

아래의 한자를 써보세요.

발 족

허벅다리에서 발목까지의 모양을 본떠 '발'을 나타낸 글자.

- 足足(족족) 매우 넉넉함.
- 不足(부족) 일정한 기준이나 한도에 미치지 못하는 상태에 있는 것. 모자람.
- 足下(족하) 발 밑.

활용 手足(수족)

부수	足(발족)부
총획	7획
뜻	발, 충분하다
반	手(손 수)

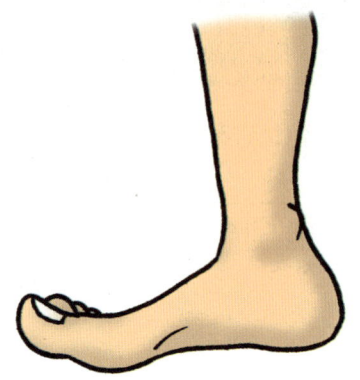

足 足 足 足 足 足 足

아래의 한자를 써보세요.

足	足	足	足	足	足	足	足	足	足
발족	발족	발족	발족	발족	발족	발족	발족	발족	발족
足	足	足	足	足	足	足	足	足	足
足	足	足	足	足	足	足	足	足	足

不足	不足	不足	不足	不足
부족	부족	부족	부족	부족
不足	不足	不足	不足	不足

왼 좌

왼손 좌(左)와 장인 공(工). 목수가 일할 때 왼손이 오른손을 돕는다는 것으로 '돕다, 왼쪽'을 뜻함.

- 左手(좌수) 왼손. ↔ 右手(우수).
- 左便(좌편) 왼쪽.
- 左右(좌우) 왼쪽과 오른쪽.

활용 左方(좌방) 左中間(좌중간) 左心室(좌심실)
　　 左向左(좌향좌)

부수	工(장인공)부
총획	5획
뜻	왼쪽
반	右(오른 우)

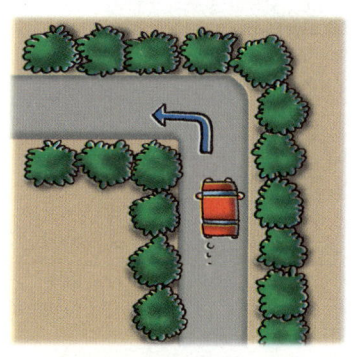

左 左 左 左 左

아래의 한자를 써보세요.

左	左	左	左	左	左	左	左	左	左
왼좌	왼좌	왼좌	왼좌	왼좌	왼좌	왼좌	왼좌	왼좌	왼좌
左	左	左	左	左	左	左	左	左	左
左	左	左	左	左	左	左	左	左	左

左方	左方	左方	左方	左方
좌방	좌방	좌방	좌방	좌방
左方	左方	左方	左方	左方

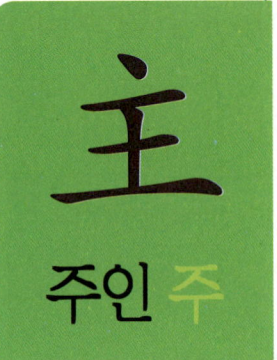

主 주인 주

촛대의 불꽃 심지가 타는 모양을 본떠, 밤의 등불을 가족의 중심적 위치라는 것으로 '주인'을 뜻함

- 主語(주어) 한 문장의 주체가 되는 말. 임자말.
- 主人(주인) 한 집안의 주장이 되는 사람.
- 主食(주식) 주된 음식.

활용 主力(주력) 主文(주문) 地主(지주) 車主(차주) 主上(주상)

부수	丶(점주)부
총획	5획
뜻	주인, 우두머리

主 丶 亠 キ 主

아래의 한자를 써보세요.

主	主	主	主	主	主	主	主	主	主
주인 주	주인 주	주인 주	주인 주	주인 주	주인 주	주인 주	주인 주	주인 주	주인 주
主	主	主	主	主	主	主	主	主	主
主	主	主	主	主	主	主			

主語	主語	主語	主語	主語
주어	주어	주어	주어	주어
主語	主語	主語	主語	主語

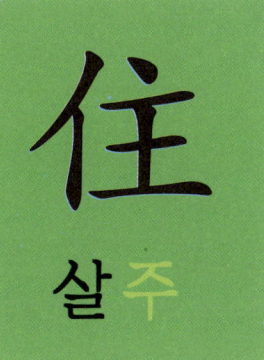

住 살 주

부수	亻(人, 사람인변)부
총획	7획
뜻	살다

사람 인(人)과 주인 주(主). 사람이 일정한 곳에 사는 것을 가리켜 '거처하다, 머물다'의 뜻이 됨.

- 住民(주민) 일정한 지역에 사는 사람.
- 住所(주소) 실질적인 생활의 근거가 되는 곳. 거주지..
- 入住(입주) 살러 들어감.

활용 安住(안주)

住住住住住住住

아래의 한자를 써보세요.

住	住	住	住	住	住	住	住	住	住
살주	살주	살주	살주	살주	살주	살주	살주	살주	살주
住	住	住	住	住	住	住	手	手	手
住	住	住	住	住	住	住	住	住	住

住所	住所	住所	住所	住所
주소	주소	주소	주소	주소
住所	住所	住所	住所	住所

클 임(壬 : 서 있는 모습)과 동녘 동(東 : 짐을 진 모습). 사람이 등에 무거운 짐을 지고 서 있는 모양.

- 重大(중대) 매우 중요함.
- 重力(중력) 지표 부근의 물체를 지구의 중심 방향으로 끌어당기는 힘.
- 自重(자중) 자기의 언행을 신중하게 함.

활용 重心(중심) 重大事(중대사) 二重三重(이중삼중)

부수	里(마을리)부
총획	9획
뜻	무겁다, 무게, 중요하다

아래의 한자를 써보세요.

地
땅 지

흙 토(**土**)와 있을 야(**也** : 꿈틀대는 전갈 모양). 큰 뱀이 꿈틀거리는 듯 구불구불한 형상인 '땅'을 뜻함.

- 地方(지방) 어느 한 방면의 땅. 서울 밖의 지역.
- 天地(천지) 하늘과 땅.
- 地名(지명) 지방·지역 등의 이름.

활용 地中海(지중해)　地面(지면)　地方色(지방색)
　　　地上(지상)　地下(지하)　地下水(지하수)
　　　農地(농지)

부수	土(흙토)부
총획	6획
뜻	땅
반	天(천)

地 地 地 地 地 地

아래의 한자를 써보세요.

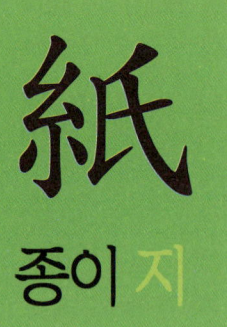

紙 종이 지

실 사(糸)와 각시 씨(氏). 氏는 나무 뿌리가 땅으로 약간 나온 모양. 나무 섬유를 떠서 만든 '종이'를 뜻함.

- 紙面(지면) 종이의 겉면. 글 쓸 종이. 서면. 신문 등의 기사를 싣는 면.
- 全紙(전지) 온 장의 종이.
- 紙上(지상) 글이나 기사가 실린 종이의 면.

활용 白紙(백지)

부수	糸(실사)부
총획	10획
뜻	종이

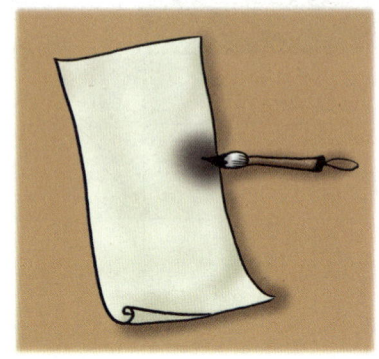

紙紙紙紙紙紙紙紙紙紙

아래의 한자를 써보세요.

紙	紙	紙	紙	紙	紙	紙	紙	紙	紙
종이 지	종이 지	종이 지	종이 지	종이 지	종이 지	종이 지	종이 지	종이 지	종이 지
紙	紙	紙	紙	紙	紙	紙	紙	紙	紙
紙	紙	紙	紙	紙	紙	紙	紙	紙	紙

紙面	紙面	紙面	紙面	紙面
지면	지면	지면	지면	지면
紙面	紙面	紙面	紙面	紙面

直 곧을 직

열(十)의 눈(目)으로 보면 아무리 감출래야 감출 수 없다는 것으로 '곧다, 바르다'를 뜻함.

- 直面(직면) 어떤 사물에 직접 대면함.
- 直前(직전) 바로 앞. 일이 생기기 바로 전.
- 直立(직립) 똑바로 섬. 꼿꼿이 섬.

활용 直面(직면) 直後(직후) 直人(직인)

부수	目(눈목)부
총획	8획
뜻	곧다, 바르다

直 直 直 直 直 直 直 直

✱ 아래의 한자를 써보세요.

확인학습 8회

1 다음 한자어(漢字語)의 독음(讀音)을 써 보자.

1) 地下		2) 主語	
3) 白紙		4) 入住	
5) 左便		6) 重心	
7) 正門		8) 手足	
9) 直前		10) 先祖	

2 다음 한자(漢字)의 훈(訓 : 뜻)과 음(音 : 소리)을 써 보자.

1) 正		2) 紙	
3) 足		4) 住	
5) 地		6) 祖	
7) 左		8) 重	
9) 主		10) 直	

3 다음 한자어(漢字語)의 뜻을 써 보자.

1) 左右 ( )

2) 正直 ( )

※ 실제 시험에서는 한자(漢字) 쓰기 문제는 출제되지 않습니다.

4 다음 (　) 속에 들어갈 알맞은 한자(漢字)를 써 보자.

1) 不 (　　) : 모자라거나 넉넉하지 않음.

2) (　　) 人 : 한 집안의 주장이 되는 사람.

3) 天 (　　) : 하늘과 땅.

4) (　　) 前 : 바로 앞. 일이 생기기 바로 전.

5) (　　) 民 : 일정한 지역에 사는 사람.

5 다음 문장에서 밑줄 친 단어와 같은 뜻을 지닌 한자(漢字)를 써 보자.

1) 방학을 하면 제주도의 할아버지 집에 간다.　(　　)

2) 박스를 들었더니 무거워서 다리가 후들거렸다.　(　　)

3) 전주는 종이로 유명한 도시이다.　(　　)

4) 요즘 발마사지가 유행하고 있다.　(　　)

5) 모범생답게 아주 예의 바른 태도였다.　(　　)

6 다음 한자(漢字)의 상대어 또는 반대어를 써 보자.

1) 左 (　　)　2) 足 (　　)　3) 地 (　　)

7 다음 한자(漢字)를 필순대로 써 보자.

1) 正 (　　)

2) 左 (　　)

일천 천

사람 인(人)과 열 십(十). 사람이 두 손을 치켜 10을 두 번 곱하는 것으로 '일천(一千)'을 나타냄.

- 千萬(천만) 만의 천 배. 비길 데 없음.
- 千字文(천자문) 한자 천 자를 모아 지은 한문 학습의 입문서.
- 千萬金(천만금) 썩 많은 돈이나 값어치.

활용 千年(천년) 千里(천리) 千軍(천군) 千金(천금) 千秋(천추)

부수	十(열십)부
총획	3획
뜻	일천, 많다

千 二 千

아래의 한자를 써보세요.

千	千	千	千	千	千	千	千	千	千
일천 천	일천 천	일천 천	일천 천	일천 천	일천 천	일천 천	일천 천	일천 천	일천 천

千金	千金	千金	千金	千金
천금	천금	천금	천금	천금

川
내 천

양쪽 언덕 사이로 물이 흐르고 있는 모양을 본뜬 글자.

- 大川(대천) 큰 내. 이름난 내.
- 山川(산천) 산과 내. 자연.
- 山川草木(산천초목) 산과 내와 풀과 나무, 곧 '자연'을 이르는 말.

부수	巛(川, 개미허리)부
총획	3획
뜻	냇물, 강물
상대어	山

川 川 川

아래의 한자를 써보세요.

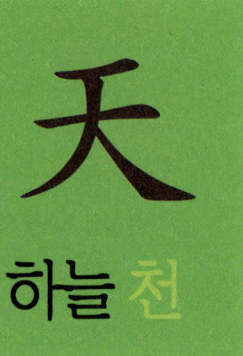

큰 대(**大**)와 한 일(**一**). 사람의 머리 위(**一**) 부분, 바로 넓은 '하늘'을 뜻함.

- 天上(천상) 하늘의 위.
- 天命(천명) 타고난 수명.
- 天地(천지) 하늘과 땅. 세상.

활용 天氣(천기) 天然(천연) 天國(천국) 하늘나라.
　　 天性(천성) 天下(천하)

부수	**大**(큰대)부
총획	4획
뜻	하늘
반	地(땅 지)

天 二 天 天

아래의 한자를 써보세요.

草
풀 초

부수	⺾(艸, 초두)부
총획	10획
뜻	풀

풀 초(⺾, 艸)와 일찍 조(早). 이른(早) 봄에 싹(艸)이 파릇파릇 돋아나는 '풀'을 뜻함.

- 草木(초목) 풀과 나무.
- 草地(초지) 풀이 나 있는 땅. 가축의 방목 또는 목초의 재배에 이용되는 땅.
- 草家(초가) 볏짚 등으로 만든 집. 초가집.

활용 草生地(초생지) 草紙(초지) 水草(수초) 海草(해초) 草食動物(초식동물)

草草草草草草草草草草

아래의 한자를 써보세요.

草	草	草	草	草	草	草	草	草	草
풀초	풀초	풀초	풀초	풀초	풀초	풀초	풀초	풀초	풀초

草木	草木	草木	草木	草木
초목	초목	초목	초목	초목

마을 촌

나무 목(木)과 법도 촌(寸). 나무 있는 곳에 집을 짓고 법도가 있는 곳으로 '마을'을 뜻함.

- 村民(촌민) 시골에 사는 사람.
- 村長(촌장) 한 마을의 우두머리.
- 村老(촌로) 마을의 늙은이.

활용 邑村(읍촌) 江村(강촌) 山村(산촌)

부수	木(나무목)부
총획	7획
뜻	마을

村村村村村村村

아래의 한자를 써보세요.

村	村	村	村	村	村	村	村	村	村	村
마을 촌	마을 촌	마을 촌	마을 촌	마을 촌	마을 촌	마을 촌	마을 촌	마을 촌	마을 촌	마을 촌
村	村	村	村	村	村	村	村	村	村	村

村長	村長	村長	村長	村長
촌장	촌장	촌장	촌장	촌장
村長	村長	村長	村長	村長

秋
가을 추

벼 화(**禾**)와 불 화(**火**). 곡식을 햇볕에 말려 거두어들이는 계절, '가을, 결실'을 뜻함.

- 秋水(추수) 가을철의 맑은 물.
- 立秋(입추) 24 절기의 하나. 8 월 8 일 경.
- 秋夕(추석) 음력 8 월 15 일. 중추절. 한가위.

활용 秋分(추분) 春秋(춘추) 千秋(천추)
　　 春夏秋冬(춘하추동)

부수	禾(벼화)부
총획	9획
뜻	가을, 세월
반	春(봄 춘)

秋秋秋秋秋秋秋秋秋

아래의 한자를 써보세요.

秋	秋	秋	秋	秋	秋	秋	秋	秋	秋
가을 추	가을 추	가을 추	가을 추	가을 추	가을 추	가을 추	가을 추	가을 추	가을 추

春秋	春秋	春秋	春秋	春秋
춘추	춘추	춘추	춘추	춘추

풀 초(艸)와 떼지어 모일 준(屯)과 날 일(日). 풀의 싹이 햇빛을 받아 무리 지어 돋아나는 '봄'을 뜻함.

- 春氣(춘기) 봄기운.
- 靑春(청춘) '스무 살 안팎의 젊은 나이'를 비유하여 이르는 말.
- 春秋(춘추) 봄과 가을. 어른의 나이에 대한 존칭.

[활용] 春分(춘분) 春水(춘수) 春三月(춘삼월)
春夏秋冬(춘하추동) 江村(강촌) 山村(산촌)

부수	日(날일)부
총획	9획
뜻	봄, 젊은 날
반	秋(가을 추)

春春春春春春春春春

✶ 아래의 한자를 써보세요.

春	春	春	春	春	春	春	春	春	春
봄춘	봄춘	봄춘	봄춘	봄춘	봄춘	봄춘	봄춘	봄춘	봄춘
春	春	春	春	春	春	春	春	春	春
春	春	春	春	春	春	春	春	春	春

靑春	靑春	靑春	靑春	靑春
청춘	청춘	청춘	청춘	청춘
靑春	靑春	靑春	靑春	靑春

出

날 출

초목의 싹이 차츰 위로 나오며 자라는 모양을 본뜬 글자.
'나다, 성장하다'를 뜻함.

- 出動(출동) 군대·경찰 등이 현장에 가서 활동하기 위해 감.
- 出生地(출생지) 태어난 곳.
- 出國(출국) 자기 나라나 남의 나라에서 나감.

활용 出生地(출생지) 出世(출세) 出入(출입) 出入門(출입문)
出家(출가) 出口(출구) 出動(출동) 月出(월출)
日出(일출) 外出(외출)

부수	ㄴ(입벌릴감, 위터진입구)부
총획	5획
뜻	나가다, 내다, 나다
반	入(들 입)

丨 凵 屮 出 出

아래의 한자를 써보세요.

出	出	出	出	出	出	出	出	出	出
날출	날출	날출	날출	날출	날출	날출	날출	날출	날출
出	出	出	出	出	出	出	出	出	出
出	出	出	出	出	出	出	出	出	出

出世	出世	出世	出世	出世
출세	출세	출세	출세	출세
出世	出世	出世	出世	出世

편할 편
오줌 변

부수	亻(人 사람인변)부
총획	9획
뜻	편하다, 소식, 편, 수단, 오줌, 똥

사람 인(亻·人)과 고칠 경(更). 사람이 불편한 것을 고치는 것으로 '편리하다'를 뜻함.

- 便安(편안) 무사함. 몸과 마음이 거북하지 않고 한결같이 좋음.
- 便紙(편지) 소식을 적어 보내는 글.
- 便所(변소) 대소변을 볼 수 있게 만들어 놓은 곳. 뒷간.

활용 便道(편도) 人便(인편) 方便(방편) 不便(불편)
      大便(대변) 小便(소변)

便便便便便便便便便

아래의 한자를 써보세요.

便	便	便	便	便	便	便	便	便	便
편할 편	편할 편	편할 편	편할 편	편할 편	편할 편	편할 편	편할 편	편할 편	편할 편
便	便	便	便	便	便	便	便	便	便
便	便	便	便	便	便	便	便	便	便

便紙	便紙	便紙	便紙	便紙
편지	편지	편지	편지	편지
便紙	便紙	便紙	便紙	便紙

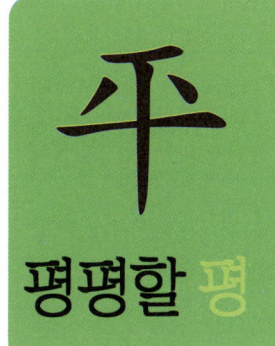

평평할 평

부수	干(방패간)부
총획	5획
뜻	평평하다, 평탄하다

물에 뜬 부평초의 모양을 본뜬 글자. 수면이 '평평하다, 고르다'를 뜻함.

- 平面(평면) 평평한 표면.
- 平生(평생) 일생.

활용 平年(평년) 平安(평안)

아래의 한자를 써보세요.

平 平 平 平 平

平	平	平	平	平	平	平	平	平	平
평평할	평평할	평평할	평평할	평평할	평평할	평평할	평평할	평평할	평평할
平	平	平	平	平	平	平	平	平	平
平	平	平	平	平	平	平	平	平	平

平生	平生	平生	平生	平生
평생	평생	평생	평생	평생
平生	平生	平生	平生	平生

확인학습 9회

1 다음 한자어(漢字語)의 독음(讀音)을 써 보자.

1) 千金		2) 草木	
3) 平安		4) 秋夕	
5) 便安		6) 靑春	
7) 天下		8) 出入	
9) 山川		10) 江村	

2 다음 한자(漢字)의 훈(訓:뜻)과 음(音:소리)을 써 보자.

1) 村		2) 川	
3) 出		4) 天	
5) 秋		6) 便	
7) 春		8) 平	
9) 草		10) 千	

3 다음 한자어(漢字語)의 뜻을 써 보자.

1) 便紙 (   )

2) 出口 (   )

확인학습

4 다음 ( ) 속에 들어갈 알맞은 한자(漢字)를 써 보자.

1) (　　　) 世 : 사회적으로 높이 되거나 유명해짐.

2) (　　　) 字文 : 한자 천 자를 모아 지은 한문 학습의 입문서.

3) (　　　) 文學 : 우주의 구조나 천체 따위를 연구하는 학문.

4) (　　　) 所 : 대소변을 볼 수 있게 만들어 놓은 곳. 뒷간.

5) (　　　) 食動物 : 풀을 주식으로 하는 동물.

5 다음 문장에서 밑줄 친 단어와 같은 뜻을 지닌 한자(漢字)를 써 보자.

1) 움푹 패인 땅을 <u>평평하게</u> 고르는 작업을 하였다. (　　　　)

2) <u>하늘</u> 나라에는 정말 천사들이 살고 있을까? (　　　　)

3) <u>봄</u>은 만물이 소생하는 계절이다. (　　　　)

4) 비행기 1등석의 의자는 정말 <u>편했</u>다. (　　　　)

5) 즐거운 마음으로 집을 <u>나섰</u>다. (　　　　)

6 다음 한자(漢字)의 상대어 또는 반대어를 써 보자.

1) 天 (　　　　)　　　2) 川 (　　　　)

3) 秋 (　　　　)　　　4) 出 (　　　　)

7 다음 한자(漢字)의 필순대로 써 보자.

1) 秋 (　　　　　　　　　)

2) 平 (　　　　　　　　　)

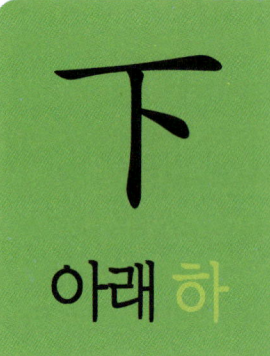

일정한 위치를 의미하는 일(一)의 아래를 나타내는 글자. 하늘 밑에 있는 것으로, '아래'를 뜻함.

- 下山(하산) 산에서 내려옴. 또, 내림.
- 下水(하수) 빗물이나 집에서 쓰고 버리는 더러운 물.
- 下人(하인) 밑에다 두고 부리는 사람. 종.

활용 上下(상하) 下校(하교) 下旗(하기) 下車(하차)
      地下(지하) 地下道(지하도)

부수	一(한일)부
총획	3획
뜻	아래, 밑, 내리다
반	上(위 상)

아래의 한자를 써보세요.

下 下 下

夏
여름 하

머리 혈(頁)과 천천히 걸을 쇠 발(夊). 이마(一)와 코(自)와 발(夊)이 더운 것으로 '여름'을 뜻함.

- 夏冬(하동) 여름과 겨울.
- 立夏(입하) 24절기의 하나. 5월 6일 경.

활용 夏秋間(하추간) 夏海(하해)

부수	夊(천천히걸을쇠)부
총획	10획
뜻	여름
반	冬(겨울 동)

夏夏夏夏夏夏夏夏夏夏

아래의 한자를 써보세요.

夏	夏	夏	夏	夏	夏	夏	夏	夏	夏
여름 하	여름 하	여름 하	여름 하	여름 하	여름 하	여름 하	여름 하	여름 하	여름 하
夏	夏	夏	夏	夏	夏	夏	夏	夏	夏

夏冬	夏冬	夏冬	夏冬	夏冬
하동	하동	하동	하동	하동

漢
한나라 한
물이름 한

부수	氵(水, 삼수변)부
총획	14획
뜻	물이름

물이 없어 어렵다는 뜻. 또는 나라 이름으로 씀.

- 漢江(한강) 우리 나라의 중부를 흐르는 강.
- 漢文(한문) 한자를 가지고 옛 중국어의 문법에 따라 지은 문장.
- 漢字(한자) 중국어를 표기하는 중국 고유의 문자.

활용 漢人(한인)

漢漢漢漢漢漢漢漢漢漢漢漢漢漢

아래의 한자를 써보세요.

漢	漢	漢	漢	漢	漢	漢	漢	漢	漢
한나라 한	한나라 한	한나라 한	한나라 한	한나라 한	한나라 한	한나라 한	한나라 한	한나라 한	한나라 한

漢	漢	漢	漢	漢	漢	漢	漢	漢	漢

漢	漢	漢	漢	漢	漢	漢	漢	漢	漢

漢江	漢江	漢江	漢江	漢江
한강	한강	한강	한강	한강

漢江	漢江	漢江	漢江	漢江

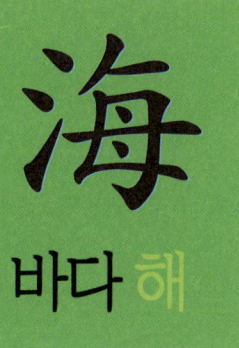

海 바다 해

물 수(氵·水)와 매양 매(每). 물이 마르지 않고 항상 가득 차 있는 곳, '바다'를 뜻함.

- 海軍(해군) 해상의 국방을 위한 군대.
- 海産物(해산물) 바다에서 나는 생선, 조개 따위를 이르는 말.
- 海外(해외) 우리 나라 밖의 다른 나라. 외국.

활용 海上(해상) 海心(해심) 海口(해구)
　　　海里(해리) 東海(동해)

부수	氵(水, 삼수변)부
총획	10획
뜻	바다

海海海海海海海海海海

아래의 한자를 써보세요.

海	海	海	海	海	海	海	海	海	海
바다 해	바다 해	바다 해	바다 해	바다 해	바다 해	바다 해	바다 해	바다 해	바다 해
海	海	海	海	海	海	海	海	海	海
海	海	海	海	海	海	海	海	海	海

海軍	海軍	海軍	海軍	海軍
해군	해군	해군	해군	해군
海軍	海軍	海軍	海軍	海軍

花

꽃 화

풀 초(艹, 艸)와 변화할 화(化). 새싹이 돋아나 자라면서 꽃을 피우는 것으로, '꽃'을 뜻함.

- 花木(화목) 꽃나무.
- 花草(화초) 꽃이 피는 풀과 나무. 꽃나무.
- 花草(화초) 꽃이 피는 풀과 나무 또는 관상용의 식물.

활용 花名(화명) 山花(산화) 生花(생화) 國花(국화)
白花(백화)

부수	艹(艸, 초두)부
총획	8획
뜻	꽃

花花花花花花花花

아래의 한자를 써보세요.

花	花	花	花	花	花	花	花	花	花
꽃화	꽃화	꽃화	꽃화	꽃화	꽃화	꽃화	꽃화	꽃화	꽃화
花	花	花	花	花	花	花	花	花	花
花	花	花	花	花	花	花	花	花	花

花草	花草	花草	花草	花草
화초	화초	화초	화초	화초
花草	花草	花草	花草	花草

말씀 화

말씀 언(言)과 혀 설(舌). 혀(舌)를 움직여 말(言)하는 것을 뜻함.

- 話中(화중) 말하고 있는 중간.
- 手話(수화) 손짓으로 하는 말.
- 白話(백화) 현대 중국의 회화체 언어.

활용 電話(전화)

부수	言(말씀언)부
총획	13획
뜻	이야기, 말하다

아래의 한자를 써보세요.

話	話	話	話	話	話	話	話	話	話
말씀 화	말씀 화	말씀 화	말씀 화	말씀 화	말씀 화	말씀 화	말씀 화	말씀 화	말씀 화
話	話	話	話	話	話	話	話	話	話

電話	電話	電話	電話	電話
전화	전화	전화	전화	전화

活
살 활

물 수(氵)와 입막을 괄(舌). 막혔던 물이 터져 한꺼번에 세차게 흐르는 것으로 '살다, 생동하다'를 뜻함.

- 活力(활력) 생기 있는 기운. 또, 왕성한 생활 의욕이나 기력.
- 生活(생활) 살아서 활동함.
- 活氣(활기) 활발한 기운이나 기개.

활용 活動(활동) 活字(활자) 活火山(활화산)

부수	氵(水, 삼수변)부
총획	9획
뜻	살다, 활발하다

活活活活活活活活活

아래의 한자를 써보세요.

活	活	活	活	活	活	活	活	活	活
살활	살활	살활	살활	살활	살활	살활	살활	살활	살활
活	活	活	活	活	活	活	活	活	活
活	活	活	活	活	活	活	活	活	活

生活	生活	生活	生活	生活
생활	생활	생활	생활	생활
生活	生活	生活	生活	生活

孝
효도 효

늙을 노(耂·老)와 아들 자(子). 아들(자식)이 늙은 어버이를 잘 섬기는 것으로 '효도'를 뜻함.

- 孝道(효도) 부모를 섬기는 행실의 도.
- 孝心(효심) 효도하는 마음.
- 孝女(효녀) 효성이 지극한 딸.

활용 孝子(효자) 不孝(불효)

부수	子(아들자)부
총획	7획
뜻	효행

아래의 한자를 써보세요.

孝 孝 孝 孝 孝 孝 孝

어린아이가 조금씩 걸으며 뒤따라온다는 것으로 '뒤, 뒤로 하다'를 뜻함.

- 後世(후세) 뒤의 세상.
- 後便(후편) 뒤쪽. 나중의 인편이나 차편.
- 後食(후식) 식사 후에 먹는 간단한 음식.

<활용> 後生(후생) 後人(후인) 後門(후문) 後方(후방) 뒤쪽.
後食(후식) 後學(후학) 食後(식후)

부수	彳(두인변)부
총획	9획
뜻	뒤
반	前(전)

後後後後後後後後後

아래의 한자를 써보세요.

後	後	後	後	後	後	後	後	後	後
뒤후	뒤후	뒤후	뒤후	뒤후	뒤후	뒤후	뒤후	뒤후	뒤후

後	後	後	後	後	後	後	後	後	後

後食	後食	後食	後食	後食
후식	후식	후식	후식	후식

後食	後食	後食	後食	後食

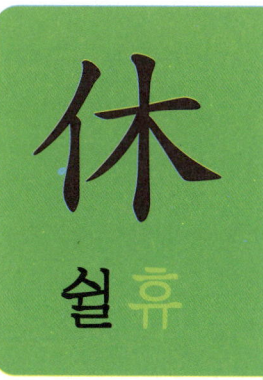

쉴 휴

사람 인(人)과 나무 목(木). 사람이 나무 그늘 밑에서 쉬고 있는 모양을 본뜬 글자.

- 休日(휴일) 일을 쉬고 노는 날.
- 休校(휴교) 학교가 수업을 한동안 쉼.
- 休紙(휴지) 못 쓰게 된 종이. 화장지.

활용 休電(휴전) 休火山(휴화산) 年中無休(연중무휴)

부수	亻(人, 사람인변)부
총획	6획
뜻	쉬다

休休休休休休

아래의 한자를 써보세요.

休休休休休休休休休休
쉴휴 쉴휴 쉴휴 쉴휴 쉴휴 쉴휴 쉴휴 쉴휴 쉴휴 쉴휴

休休休休休休休休休休

休休休休休休休休休

休日 休日 休日 休日 休日
휴일 휴일 휴일 휴일 휴일

休日 休日 休日 休日 休日

확인학습 10회

1 다음 한자어의 독음을 써 보자.

1) 下車		2) 手話	
3) 立夏		4) 生活	
5) 漢江		6) 孝心	
7) 東海		8) 後門	
9) 花草		10) 休校	

2 다음 한자의 한자의 훈(訓 : 뜻)과 음(音 : 소리)을 써 보자.

1) 夏		2) 休	
3) 漢		4) 後	
5) 花		6) 孝	
7) 海		8) 活	
9) 下		10) 話	

3 다음 漢字語(한자어)의 뜻을 써 보자.

1) 孝道 (   )

2) 後食 (   )

※ 실제 시험에서는 한자(漢字) 쓰기 문제는 출제되지 않습니다.

4 다음 ( ) 속에 들어갈 알맞은 漢字(한자)를 써 보자

1) (　　) 校 : 학교에서 공부를 마치고 돌아옴

2) (　　) 字 : 중국어를 표기하는 중국 고유의 문자.

3) (　　) 力 : 생기 있는 기운.

4) 不 (　　) : 부모를 잘 섬기거나 받들지 않음.

5) (　　) 草 : 꽃이 피는 풀과 나무.

5 다음 문장에서 밑줄 친 단어와 같은 뜻을 지닌 漢字(한자)를 써 보자.

1) 해수욕장이 문을 여는 여름이 기다려진다.　(　　　　)

2) 그녀는 이 세상의 어떤 꽃보다 아름다웠다.　(　　　　)

3) 산에서 길을 잃어 무조건 아래로만 내려 왔다.　(　　　　)

4) 대장의 뒤를 따라 재빠르게 움직였다.　(　　　　)

5) 조그만 뗏목을 만들어 바다로 나갔다.　(　　　　)

6 다음 漢字(한자)의 상대어 또는 반대어를 써 보자.

1) 後 (　　　　)　　　2) 下 (　　　　)

3) 夏 (　　　　)

7 다음 한자(漢字)를 필순대로 써 보자.

1) 海 (　　　　　　　　　　　)

2) 後 (　　　　　　　　　　　)

7급 한자 100자 총정리

● 다음 한자의 훈(뜻)과 음(소리)을 빈 칸에 써 보시오.

歌	旗	登	命	上
家	男	來	文	色
間	內	力	問	夕
江	農	老	物	姓
車	答	里	方	世
工	道	林	百	少
空	冬	立	夫	所
口	同	每	不	手
氣	洞	面	事	數
記	動	名	算	市

7급 한자 100자 총정리 I

時	育	正	千	下
食	邑	祖	川	夏
植	入	足	天	漢
心	子	左	草	海
安	字	主	村	花
語	自	住	秋	話
然	場	重	春	活
午	全	地	出	孝
右	前	紙	便	後
有	電	直	平	休

사자성어 | 四字成語

● 다음 사자성어를 읽고 따라 써봅시다.

1. 南男北女 남남북녀 | 南男北女 | 南男北女
남자는 남쪽에 여자는 북쪽에 잘난 사람이 많다는 뜻으로 예로부터 일러오는 말.

2. 男女老少 남녀노소 | 男女老少 | 男女老少
남자와 여자와 늙은이 그리고 어린아이.

3. 東問西答 동문서답 | 東問西答 | 東問西答
묻는 말에 대하여 아주 딴판인 엉뚱한 대답.

4. 東西南北 동서남북 | 東西南北 | 東西南北
동서남북의 사방(四方).

5. 名山大川 명산대천 | 名山大川 | 名山大川
이름 난 산과 큰 내.

6. 百萬大軍 백만대군 | 百萬大軍 | 百萬大軍
아주 많은 군인으로 조직된 군대.

7. 不老長生 불로장생 | 不老長生 | 不老長生
늙지 않고 오래 삶.

8. 四方八方 사방팔방 | 四方八方 | 四方八方
모든 방향을 아울러 일컫는 말.

9. 三三五五 삼삼오오 | 三三五五 | 三三五五
서넛 또는 대여섯 사람씩 여기저기 떼를 지어 다니거나 무슨 일을 하는 모양.

10. 生年月日 생년월일 | 生年月日 | 生年月日
태어난 해와 달과 날.

사자성어 | 四字成語

● 다음 사자성어를 읽고 따라 써봅시다.

11 世上萬事 　세상만사　　世上萬事　　世上萬事
세상에서 일어나는 온갖 일.

12 十中八九 　십중팔구　　十中八九　　十中八九
거의 예외 없이 그러할 것이라는 추측을 나타내는 말.

13 人山人海 　인산인해　　人山人海　　人山人海
많은 사람이 모인 상태를 일컫는 말.

14 一問一答 　일문일답　　一問一答　　一問一答
한 번의 물음에 대하여 한 번씩 대답함.

15 一日三秋 　일일삼추　　一日三秋　　一日三秋
매우 지루하거나 몹시 애태우며 기다림을 비유하여 일컫는 말

16 自問自答 　자문자답　　自問自答　　自問自答
스스로 묻고 스스로 대답함.

17 前後左右 　전후좌우　　前後左右　　前後左右
앞과 뒤, 그리고 왼쪽과 오른쪽.

18 地下車道 　지하차도　　地下車道　　地下車道
땅 밑으로 차가 다닐 수 있도록 낸 길.

19 草食動物 　초식동물　　草食動物　　草食動物
풀을 먹고사는 동물.

20 春夏秋冬 　춘하추동　　春夏秋冬　　春夏秋冬
봄·여름·가을·겨울. 사철.

두음법칙 | 頭音法則

● 두음법칙(頭音法則)이란 초성(初聲)이 'ㄹ'이나 'ㄴ'인 한자가 단어의 첫머리에 올 때 독음이 'ㅇ'이나 'ㄴ'으로 바뀌는 것을 말함. 7급에 적용되는 예는 아래와 같음.

1. ㄹ이 ㄴ으로 바뀌는 경우

來
外: 來(외래)
來年(내년)　來世(내세)　來日(내일)

老
年老(연로)　村老(촌로)　不老草(불로초)
老年(노년)　老母(노모)　老後(노후)

2. ㄹ이 ㅇ으로 바뀌는 경우

六
五六(오륙)
六年(육년)

力
主力(주력)　有力(유력)　重力(중력)
力不足(역부족)

林
山林(산림)　育林(육림)
林業(임업)

立
中立(중립)　國立(국립)　自立(자립)
立春(입춘)　立夏(입하)　立冬(입동)

里
洞里(동리)　千里(천리)
里長(이장)

3. ㄴ이 ㅇ으로 바뀌는 경우

女
子女(자녀)　孝女(효녀)　少女(소녀)
女子(여자)　女人(여인)

年
每年(매년)　中年(중년)　來年(내년)
年金(연금)　年老(연로)　年少(연소)

동자이음 | 同字異音

● 同字異音(동자이음)이란, 한 글자가 다른 독음을 갖는 경우를 말함.

不	불 : 不安(불안)　不平(불평)
	부 : 不動(부동)　不正(부정)　不足(부족)

　＊ 부 : 不자 뒤의 초성(初聲)이 'ㄷ'이나 'ㅈ'이 오는 경우.
　» 예외로 不實(부실)은 '불실'로 읽지 않음.

便	便安(편안)　便紙(편지)　不便(불편)
	小便(소변)　大便(대변)

　＊ '똥'의 뜻일 경우는 '변'으로 읽고 나머지는 '편'으로 읽음.

場	道場(도장) – 체력 단련장의 뜻
	道場(도량) – 불교 용어로 쓰일 경우

　＊ 불교 용어에서 '사찰'의 뜻으로 쓰일때는 '량'으로 읽음.

金	金庾信(김유신)　김춘추(金春秋)
	先金(선금)　入金(입금)　年金(연금)

　＊ 姓일 경우는 '김'으로 읽고 나머지는 '금'으로 읽음.

참고

十月은 '시월'로 읽음　　　× 십월
六月은 '유월'로 읽음　　　× 육월
五六月은 '오뉴월'로 읽음　× 오륙월
數字는 '숫자'로 읽음　　　× 수자

반의어 & 상대어 | 反意語 & 相對語

:반의어·상대어란, 뜻이 반대이거나 상대적인 한자를 말함.

空 (빌/ 하늘 공) ↔ 海 (바다 해)	先 (먼저 선) ↔ 後 (뒤 후)
敎 (가르칠 교) ↔ 學 (배울 학)	手 (손 수) ↔ 足 (발 족)
國 (나라 국) ↔ 家 (집 가)	水 (물 수) ↔ 火 (불 화)
男 (사내 남) ↔ 女 (계집 녀)	日 (날 일) ↔ 月 (달 월)
南 (남녘 남) ↔ 北 (북녘 북)	子 (아들 자) ↔ 女 (계집 녀)
老 (늙을 로) ↔ 少 (젊을 소)	前 (앞 전) ↔ 後 (뒤 후)
大 (큰 대) ↔ 小 (작을 소)	左 (왼 좌) ↔ 右 (오른 우)
東 (동녘 동) ↔ 西 (서녘 서)	天 (하늘 천) ↔ 地 (땅 지)
冬 (겨울 동) ↔ 夏 (여름 하)	草 (풀 초) ↔ 木 (나무 목)
問 (물을 문) ↔ 答 (답할 답)	春 (봄 춘) ↔ 秋 (가을 추)
父 (아비 부) ↔ 母 (어미 모)	出 (날 출) ↔ 入 (들 입)
山 (메 산) ↔ 川 (내 천)	兄 (맏 형) ↔ 弟 (아우 제)
上 (위 상) ↔ 下 (아래 하)	

실전
모의
테스트
T E S T

◆ 漢字能力檢定試驗 7級 問題紙 ◆

실전모의 테스트 1

1 다음 漢字語(한자어)의 讀音(독음)을 써 보자. (1~32)

〈例(예)〉
漢字 → 한자

(1) 江山
(2) 軍歌
(3) 大學
(4) 入口
(5) 山川
(6) 草木
(7) 孝心
(8) 平安
(9) 問答
(10) 萬事
(11) 海里
(12) 算數
(13) 有名
(14) 百姓
(15) 午前
(16) 同數
(17) 國家
(18) 內面
(19) 農村
(20) 白旗
(21) 空氣
(22) 火車
(23) 江村
(24) 日記
(25) 動物
(26) 男女
(27) 歌手
(28) 家門
(29) 天命
(30) 西海
(31) 便安
(32) 後世

2 다음 漢字(한자)의 訓(훈)과 音(음)을 써 보자. (33~51)

〈例(예)〉
字 → 글자 자

(33) 江
(34) 工
(35) 口
(36) 間
(37) 休
(38) 天
(39) 村
(40) 出
(41) 直
(42) 主
(43) 祖
(44) 氣
(45) 邑
(46) 電
(47) 室
(48) 敎
(49) 九
(50) 金
(51) 年

◆ 漢字能力檢定試驗 7級 問題紙 ◆

실전모의 테스트 1

3 다음에 알맞은 漢字語(한자어)의 뜻을 써 보자. (52~53)

(52) 活動 :

(53) 祖上 :

4 다음 訓(훈)과 音(음)에 맞는 漢字(한자)를 〈例(예)〉에서 찾아, 그 번호를 써 보자. (54~63)

〈例(예)〉
① 家 ② 旗 ③ 入 ④ 內 ⑤ 百
⑥ 事 ⑦ 學 ⑧ 生 ⑨ 四 ⑩ 寸

(54) 넉 사
(55) 마디 촌
(56) 안 내
(57) 들 입
(58) 일 사
(59) 집 가
(60) 깃발 기
(61) 날 생
(62) 배울 학
(63) 일백 백

5 다음 漢字(한자)와 상대 또는 반대되는 漢字(한자)를 〈例(예)〉에서 찾아, 그 번호를 써 보자. (64~65)

〈例(예)〉
① 女 ② 外 ③ 夕 ④ 少

(63) 內 ↔ (   )
(64) 男 ↔ (   )

6 다음 괄호 (   ) 속에 알맞은 漢字(한자)를 〈例(예)〉에서 찾아, 그 번호를 써 보자. (66~67)

〈例(예)〉
① 木 ② 門 ③ 軍 ④ 校

(66) 同(   ) : 같은 학교를 나온 사람.
(67) (   )旗 : 군부대를 상징하고 대표하는 깃발.

◆ **漢字能力檢定試驗 7級 問題紙** ◆

실전모의 테스트 1

7 다음 漢字(한자)의 쓰는 순서가 올바른 것을 고르시오. (68~69)

(68) 內 ( )

① 1 → 2 → 3 → 4
② 2 → 1 → 4 → 4
③ 1 → 3 → 2 → 4
④ 4 → 2 → 3 → 1

(69) 冬 ( )

① 1 → 2 → 3 → 4 → 5
② 2 → 1 → 3 → 4 → 5
③ 1 → 3 → 2 → 4 → 5
④ 1 → 2 → 3 → 5 → 4

8 다음 문장에서 밑줄 친 단어와 같은 뜻을 지닌 漢字(한자)를 〈例(예)〉에서 찾아, 그 번호를 써 보자. (70)

〈例(예)〉
① 自　② 休　③ 一　④ 草

(70) 기러기 한 쌍이 쉴 곳을 찾아 소나무 숲으로 왔다.

◆ 漢字能力檢定試驗 7級 問題紙 ◆

실전모의 테스트 2

1 다음 漢字語(한자어)의 讀音(독음)을 써 보자. (1~32)

〈例(예)〉
漢字 → 한자

(1) 老人
(2) 百方
(3) 來世
(4) 軍事
(5) 九月
(6) 工場
(7) 車道
(8) 中間
(9) 七夕
(10) 市場
(11) 住所
(12) 手記
(13) 春秋
(14) 下校
(15) 漢江
(16) 孝子
(17) 萬里
(18) 工夫
(19) 生命
(20) 不正
(21) 兄夫
(22) 全面
(23) 紙面
(24) 每月
(25) 山林
(26) 萬物
(27) 人名
(28) 登校
(29) 活力
(30) 下車
(31) 千年
(32) 孝道

2 다음 漢字(한자)의 訓(훈)과 音(음)을 써 보자. (33~51)

〈例(예)〉
字 → 글자 자

(33) 登
(34) 名
(35) 夫
(36) 林
(37) 車
(38) 洞
(39) 道
(40) 內
(41) 食
(42) 安
(43) 少
(44) 物
(45) 空
(46) 記
(47) 十
(48) 中
(49) 小
(50) 弟
(51) 先

◆ 漢字能力檢定試驗 7級 問題紙 ◆

실전모의 테스트 2

3 다음에 알맞은 漢字語(한자어)의 뜻을 써 보자. (52~53)

(52) 日記 :

(53) 平面 :

4 다음 訓(훈)과 音(음)에 맞는 漢字(한자)를 〈例(예)〉에서 찾아, 그 번호를 써 보자. (54~63)

―〈例(예)〉―
① 方   ② 老   ③ 冬   ④ 農   ⑤ 語
⑥ 時   ⑦ 秋   ⑧ 姓   ⑨ 土   ⑩ 月

(54) 농사 농   (59) 성씨 성
(55) 때 시   (60) 모 방
(56) 말씀 어   (61) 겨울 동
(57) 가을 추   (62) 흙 토
(58) 늙을 로   (63) 달 월

5 다음 漢字(한자)와 상대 또는 반대되는 漢字(한자)를 〈例(예)〉에서 찾아, 그 번호를 써 보자. (64~65)

―〈例(예)〉―
① 右   ② 答   ③ 方   ④ 地

(64) 天 ↔ (   )
(65) 左 ↔ (   )

6 다음 괄호( ) 속에 알맞은 漢字(한자)를 〈例(예)〉에서 찾아, 그 번호를 써 보자. (66~67)

―〈例(예)〉―
① 弟   ② 正   ③ 春   ④ 間

(66) (   )直 : 바르고 곧음.
(67) (   )秋 : 봄과 가을.

◆ 漢字能力檢定試驗 7級 問題紙 ◆

실전모의 테스트 2

7 다음 漢字(한자)의 쓰는 순서가 올바른 것을 고르시오. (68~69)

(68) 正 ( )

① 1 → 2 → 3 → 4 → 5
② 2 → 1 → 3 → 4 → 5
③ 2 → 3 → 4 → 1 → 5
④ 4 → 2 → 3 → 1 → 5

(69) 左 ( )

① 1 → 2 → 3 → 4 → 5
② 2 → 1 → 3 → 4 → 5
③ 1 → 3 → 2 → 4 → 5
④ 1 → 2 → 3 → 5 → 4

8 다음 문장에서 밑줄 친 단어와 같은 뜻을 지닌 漢字(한자)를 〈例(예)〉에서 찾아, 그 번호를 써 보자. (70)

〈例(예)〉
① 子 ② 弟 ③ 父 ④ 女

(70) 내 동생은 심부름만 보냈다 하면 감감무소식이다.

◆ 漢字能力檢定試驗 7級 問題紙 ◆

1 다음 漢字語(한자어)의 讀音(독음)을 써 보자. (1~32)

2 다음 漢字(한자)의 訓(훈)과 音(음)을 써 보자. (33~51)

⟨例(예)⟩
漢字 → 한자

⟨例(예)⟩
字 → 글자 자

(1) 市民
(2) 手足
(3) 世上
(4) 午後
(5) 文物
(6) 不便
(7) 四方
(8) 老少
(9) 自問
(10) 電氣
(11) 入場
(12) 車主
(13) 文學
(14) 登場
(15) 每日
(16) 洞里
(17) 天然
(18) 植木
(19) 語學
(20) 秋夕
(21) 場所
(22) 左右
(23) 市長
(24) 外食
(25) 數日
(26) 中心
(27) 食事
(28) 少年
(29) 電話
(30) 不孝
(31) 下山
(32) 東海

(33) 有
(34) 夕
(35) 上
(36) 市
(37) 立
(38) 每
(39) 來
(40) 命
(41) 歌
(42) 動
(43) 同
(44) 世
(45) 不
(46) 問
(47) 木
(48) 兄
(49) 門
(50) 人
(51) 大

◆ 漢字能力檢定試驗 7級 問題紙 ◆

실전모의 테스트 3

3 다음에 알맞은 漢字語(한자어)의 뜻을 써 보자. (52~53)

(52) 名山 :

(53) 正直 :

4 다음 訓(훈)과 音(음)에 맞는 漢字(한자)를 〈例(예)〉에서 찾아, 그 번호를 써 보자. (54~63)

─ 〈例(예)〉 ─
① 色 ② 植 ③ 面 ④ 文 ⑤ 漢
⑥ 孝 ⑦ 萬 ⑧ 軍 ⑨ 東 ⑩ 國

(54) 나라 국　　(59) 한나라 한
(55) 빛 색　　　(60) 심을 식
(56) 글월 문　　(61) 동녘 동
(57) 일만 만　　(62) 효도 효
(58) 낯 면　　　(63) 군사 군

5 다음 漢字(한자)와 상대 또는 반대되는 漢字(한자)를 〈例(예)〉에서 찾아, 그 번호를 써 보자. (64~65)

─ 〈例(예)〉 ─
① 出 ② 西 ③ 手 ④ 後

(64) (　　) ↔ 入
(65) 東 ↔ (　　)

6 다음 괄호(　) 속에 알맞은 漢字(한자)를 〈例(예)〉에서 찾아, 그 번호를 써 보자. (66~67)

─ 〈例(예)〉 ─
① 植 ② 足 ③ 手 ④ 四

(66) (　　)方 : 동서남북의 네 방위.
(67) (　　)木 : 나무를 심다.

◈ 漢字能力檢定試驗 7級 問題紙 ◈

7 다음 漢字(한자)의 쓰는 순서가 올바른 것을 고르시오. (68~69)

(68) 平 ( )

① 1 → 2 → 3 → 4 → 5
② 2 → 1 → 3 → 4 → 5
③ 2 → 3 → 1 → 4 → 5
④ 2 → 1 → 3 → 5 → 4

(69) 出 ( )

① 1 → 2 → 3 → 4 → 5
② 2 → 1 → 3 → 4 → 5
③ 1 → 3 → 2 → 4 → 5
④ 1 → 2 → 3 → 5 → 4

8 다음 문장에서 밑줄 친 단어와 같은 뜻을 지닌 漢字(한자)를 〈例(예)〉에서 찾아, 그 번호를 써 보자. (70)

〈例(예)〉
① 死 ② 百 ③ 白 ④ 天

(70) 하늘에서 흰 눈이 펄펄 내립니다.

수험번호 ☐☐☐-☐☐-☐☐☐☐ 성명 ☐☐☐☐☐

주민등록번호 ☐☐☐☐☐☐-☐☐☐☐☐☐☐ * 유성 싸인펜, 붉은색 필기구 사용불가.

* 답안지는 컴퓨터로 처리되므로 구기거나 더럽히지 마시고, 정답 칸 안에만 쓰십시오.
  글씨가 채점란으로 들어오면 오답처리가 됩니다.

한자능력검정시험 7급 실전 모의테스트 답안지(1)

번호	정 답	1검	2검	번호	정 답	1검	2검
1				18			
2				19			
3				20			
4				21			
5				22			
6				23			
7				24			
8				25			
9				26			
10				27			
11				28			
12				29			
13				30			
14				31			
15				32			
16				33			
17				34			

감독위원	채점위원(1)		채점위원(2)		채점위원(3)	
(서명)	(득점)	(서명)	(득점)	(서명)	(득점)	(서명)

* 본 답안지는 컴퓨터로 처리되므로 구기거나 더럽혀지지 않도록 조심하시고 글씨를 칸 안에 또박또박 쓰십시오.

한자능력검정시험 7급 실전 모의테스트 답안지(1)

번호	답안란 정답	채점란 1검	채점란 2검	번호	답안란 정답	채점란 1검	채점란 2검
35				53			
36				54			
37				55			
38				56			
39				57			
40				58			
41				59			
42				60			
43				61			
44				62			
45				63			
46				64			
47				65			
48				66			
49				67			
50				68			
51				69			
52				70			

수험번호	□□□-□□-□□□□	성명 □□□□□
주민등록번호	□□□□□□-□□□□□□□	* 유성 싸인펜, 붉은색 필기구 사용불가.

* 답안지는 컴퓨터로 처리되므로 구기거나 더럽히지 마시고, 정답 칸 안에만 쓰십시오.
  글씨가 채점란으로 들어오면 오답처리가 됩니다.

한자능력검정시험 7급 실전 모의테스트 답안지(2)

번호	정답	1검	2검	번호	정답	1검	2검
1				18			
2				19			
3				20			
4				21			
5				22			
6				23			
7				24			
8				25			
9				26			
10				27			
11				28			
12				29			
13				30			
14				31			
15				32			
16				33			
17				34			

감독위원	채점위원(1)	채점위원(2)	채점위원(3)
(서명)	(득점) (서명)	(득점) (서명)	(득점) (서명)

* 본 답안지는 컴퓨터로 처리되므로 구기거나 더럽혀지지 않도록 조심하시고 글씨를 칸 안에 또박또박 쓰십시오.

한자능력검정시험 7급 실전 모의테스트 답안지(2)

번호	정답	1검	2검	번호	정답	1검	2검
35				53			
36				54			
37				55			
38				56			
39				57			
40				58			
41				59			
42				60			
43				61			
44				62			
45				63			
46				64			
47				65			
48				66			
49				67			
50				68			
51				69			
52				70			

수험번호 ☐☐☐-☐☐-☐☐☐☐ 성명 ☐☐☐☐☐

주민등록번호 ☐☐☐☐☐☐-☐☐☐☐☐☐☐

* 유성 싸인펜, 붉은색 필기구 사용불가.

* 답안지는 컴퓨터로 처리되므로 구기거나 더럽히지 마시고, 정답 칸 안에만 쓰십시오.
  글씨가 채점란으로 들어오면 오답처리가 됩니다.

한자능력검정시험 7급 실전 모의테스트 답안지(3)

번호	답안란 정답	채점란 1검	채점란 2검	번호	답안란 정답	채점란 1검	채점란 2검
1				18			
2				19			
3				20			
4				21			
5				22			
6				23			
7				24			
8				25			
9				26			
10				27			
11				28			
12				29			
13				30			
14				31			
15				32			
16				33			
17				34			

감독위원	채점위원(1)	채점위원(2)	채점위원(3)
(서명)	(득점) (서명)	(득점) (서명)	(득점) (서명)

* 본 답안지는 컴퓨터로 처리되므로 구기거나 더럽혀지지 않도록 조심하시고 글씨를 칸 안에 또박또박 쓰십시오.

한자능력검정시험 7급 실전 모의테스트 답안지(3)

번호	답안란 정답	채점란 1검	채점란 2검	번호	답안란 정답	채점란 1검	채점란 2검
35				53			
36				54			
37				55			
38				56			
39				57			
40				58			
41				59			
42				60			
43				61			
44				62			
45				63			
46				64			
47				65			
48				66			
49				67			
50				68			
51				69			
52				70			

✽ 정답편

● 확인학습 1 회
1 1) 입구 2) 기입 3) 기력 4) 공중 5) 차내 6) 공군 7) 강남 8) 간식 9) 기색 10) 인기
2 1) 빌 공 2) 노래 가 3) 수레 거/차 4) 입 구 5) 집 가
   6) 기운 기 7) 사이 간 8) 기록할 기 9) 강 강 10) 장인 공
3 1) 아무것도 없이 비어 있음. 2) 학교를 상징하는 노래.
4 1) 內 2) 歌 3) 車 4) 工 5) 口
5 1) 家 2) 工 3) 空 4) 口 5) 間
6 1) 山, 川 2) 海
7 1) 車車車車車車車 2) 空空空空空空空空

● 확인학습 2 회
1 1) 국기 2) 동민 3) 차도 4) 정답 5) 입동 6) 농장 7) 동생 8) 내면 9) 생동 10) 장남
2 1) 농사 농 2) 한가지 동 3) 대답할 답 4) 겨울 동 5) 길 도
   6) 사내 남 7) 고을 동 8) 움직일 동 9) 안 내 10) 깃발 기
3 1) 차이가 없이 똑같음. 2) 농사를 짓는 사람. 농군.
4 1) 事 2) 答 3) 道 4) 同 5) 洞
5 1) 男 2) 旗 3) 內 4) 答 5) 冬
6 1) 外 2) 女 3) 問 4) 夏
7 1) 農農農農農農農農農農農農 2) 內內內內

● 확인학습 3 회
1 1) 산림 2) 자립 3) 매일 4) 면전 5) 학력 6) 내년 7) 등산 8) 명산 9) 노모 10) 십리
2 1) 이름 명 2) 설 립 3) 올 래 4) 힘 력 5) 마을 리
   6) 오를 등 7) 매양 매 8) 수풀 림 9) 늙을 로 10) 낯 면
3 1) 나라의 힘. 2) 나이가 많은 어른.
4 1) 來 2) 登 3) 力 4) 老 5) 立
5 1) 村, 里 2) 林 3) 力 4) 立 5) 登
6 1) 來來來來來來來來 2) 老老老老老老

● 확인학습 4 회
1 1) 문학 2) 문안 3) 산수 4) 인물 5) 사방 6) 사대 7) 생명 8) 백성 9) 불효 10) 부인
2 1) 물건 물 2) 아니 부/불 3) 일 사 4) 셈 산 5) 목숨 명
   6) 글월 문 7) 물을 문 8) 남편·지아비 부 9) 모 방 10) 일백 백
3 1) 물음과 대답. 2) 일이 끝난 뒤.
4 1) 命 2) 百 3) 問 4) 算 5) 事
5 1) 問 2) 命 3) 物 4) 事 5) 夫
6 1) 答 2) 心
7 1) 物物物物物物物 2) 算算算算算算算算

✻ 정답편

● 확인학습 5회

1 1) 상하 2) 동성 3) 세도 4) 명소 5) 수중 6) 수일 7) 시내 8) 소녀 9) 추석 10) 백색
2 1) 적을·젊을 소 2) 성씨 성 3) 저녁 석 4) 인간 세 5) 손 수
 6) 저자 시 7) 위 상 8) 셈 수 9) 빛 색 10) 바·곳 소
3 1) 여러 가지 상품을 팔고 사는 장소. 2) 손으로 만듦.
4 1) 上 2) 色 3) 少 4) 手 5) 所
5 1) 上 2) 夕 3) 所 4) 手 5) 少
6 1) 足 2) 下 3) 多, 老
7 1) 亅 小 小 少 2) 口 口 口 目 甲 婁 婁 數 數 數

● 확인학습 6회

1 1) 우수 2) 불안 3) 자연 4) 일시 5) 오전 6) 중심 7) 유력 8) 간식 9) 식물 10) 어학
2 1) 그럴 연 2) 있을 유 3) 말씀 어 4) 편안 안 5) 밥·먹을 식
 6) 마음 심 7) 낮 오 8) 오른 우 9) 때 시 10) 심을 식
3 1) 이름이 세상에 널리 알려져 있는 것. 2) 자연 그대로의 상태.
4 1) 時 2) 心 3) 安 4) 食 5) 有
5 1) 心 2) 植 3) 右 4) 有 5) 時
6 1) 左 2) 物
7 1) 心 心 心 心 2) ノ ナ オ 有 有 有

● 확인학습 7회

1 1) 자력 2) 교육 3) 장면 4) 읍민 5) 전국 6) 입수 7) 전생 8) 자제 9) 전화 10) 문자
2 1) 아들 자 2) 기를 육 3) 스스로 자 4) 마당 장 5) 온전 전
 6) 앞 전 7) 번개 전 8) 글자 자 9) 들 입 10) 고을 읍
3 1) 중국어를 표기하는 중국 고유의 문자. 2) 제힘으로 움직임.
4 1) 子 2) 自 3) 前 4) 電 5) 入
5 1) 子 2) 自 3) 育 4) 電 5) 前
6 1) 出 2) 女 3) 後
7 1) 一 厂 戸 戸 戸 乕 乕 雷 雷 雷 電 電 2) 丶 亠 亠 音 音 音 音 音

● 확인학습 8회

1 1) 지하 2) 주어 3) 백지 4) 입주 5) 좌편 6) 중심 7) 정문 8) 수족 9) 직전 10) 선조
2 1) 바를 정 2) 종이 지 3) 발 족 4) 머무를·살 주 5) 땅 지
 6) 할아버지 조 7) 왼 좌 8) 무거울 중 9) 주인 주 10) 곧을 직
3 1) 왼쪽과 오른쪽. 2) 거짓, 허식이 없이 마음이 바르고 곧음.
4 1) 足 2) 主 3) 地 4) 直 5) 住
5 1) 祖 2) 重 3) 紙 4) 足 5) 正
6 1) 右 2) 手 3) 天
7 1) 一 T 下 正 正 2) 一 ナ 左 左 左

＊정답편

● 확인학습 9회

1 1) 천금 2) 초목 3) 평안 4) 추석 5) 편안 6) 청춘 7) 천하 8) 출입 9) 산천 10) 강촌

2 1) 마을 촌 2) 내 천 3) 날 출 4) 하늘 천 5) 가을 추
6) 편할 편 똥·오줌변 7) 봄 춘 8) 평평할 평 9) 풀 초 10) 일천 천

3 1) 소식을 적어 보내는 글. 2) 나가는 문.

4 1) 出 2) 千 3) 天 4) 便 5) 草

5 1) 平 2) 天 3) 春 4) 便 5) 出

6 1) 地 2) 山 3) 春 4) 入

7 1) ノ 二 千 禾 禾 禾 秒 秋 秋 2) 一 ㄱ 下 平

● 확인학습 10회

1 1) 하차 2) 수화 3) 입하 4) 생활 5) 한강 6) 효심 7) 동해 8) 후문 9) 화초 10) 휴교

2 1) 여름 하 2) 쉴 휴 3) 한나라·물이름 한 4) 뒤 후 5) 꽃 화
6) 효도 효 7) 바다 해 8) 살 활 9) 아래 하 10) 말씀 화

3 1) 부모를 섬기는 행실의 도. 2) 식사 후에 먹는 간단한 음식.

4 1) 下 2) 漢 3) 活 4) 孝 5) 花

5 1) 夏 2) 花 3) 下 4) 後 5) 海

6 1) 前 2) 上 3) 冬

7 1) 丶 冫 汀 浐 江 海 海 海 海 2) 丿 ㄣ 彳 彳 彳 伫 伫 後 後

● 실전 모의 테스트 1회

1 (1) 강산 (2) 군가 (3) 대학 (4) 입구 (5) 산천 (6) 초목 (7) 효심 (8) 평안 (9) 문답 (10) 만사 (11) 해리 (12) 산수 (13) 유명 (14) 백성 (15) 오전 (16) 동수 (17) 국가 (18) 내면 (19) 농촌 (20) 백기 (21) 공기 (22) 화차 (23) 강촌 (24) 일기 (25) 동물 (26) 남녀 (27) 가수 (28) 가문 (29) 천명 (30) 서해 (31) 편안 (32) 후세

2 (33) 강 강 (34) 장인 공 (35) 입 구 (36) 사이 간 (37) 쉴 휴 (38) 하늘 천 (39) 마을 촌 (40) 날 출 (41) 곧을 직 (42) 주인 주 (43) 할아버지 조 (44) 기운 기 (45) 고을 읍 (46) 번개 전 (47) 집 실 (48) 가르칠 교 (49) 아홉 구 (50) 쇠 금, 성 김 (51) 해 년

3 (52) 활발하게 움직임. 어떤 일을 이루기 위해 움직임. (53) 돌아가신 어버이 위로 대대의 어른.

4 (54) ⑨ (55) ⑩ (56) ④ (57) ③ (58) ⑥ (59) ① (60) ② (61) ⑧ (62) ⑦ (63) ⑤

5 (64) ② (65) ①

6 (66) ② (67) ③

7 (68) ③ (69) ①

8 (70) ②

✱ 정답편

● 실전 모의 테스트 2회

1 (1) 노인 (2) 백방 (3) 내세 (4) 군사 (5) 구월 (6) 공장 (7) 차도 (8) 중간 (9) 칠석 (10) 시장 (11) 주소 (12) 수기 (13) 춘추 (14) 하교 (15) 한강 (16) 효자 (17) 만리 (18) 공부 (19) 생명 (20) 부정 (21) 형부 (22) 전면 (23) 지면 (24) 매월 (25) 산림 (26) 만물 (27) 인명 (28) 등교 (29) 활력 (30) 하차 (31) 천년 (32) 효도

2 (33) 오를 등 (34) 이름 명 (35) 남편·지아비 부 (36) 수풀 림 (37) 수레 거/차 (38) 고을 동 (39) 길 도 (40) 안 내 (41) 밥 식 (42) 편안 안 (43) 적을·젊을 소 (44) 물건 물 (45) 빌 공 (46) 기록할 기 (47) 열 십 (48) 가운데 중 (49) 작을 소 (50) 아우 제 (51) 먼저 선

3 (52) 그날그날 겪은 일이나 감상 등을 적은 개인의 기록. (53) 평평한 표면.

4 (54) ④ (55) ⑥ (56) ⑤ (57) ⑦ (58) ② (59) ⑧ (60) ① (61) ③ (62) ⑨ (63) ⑩

5 (64) ④ (65) ①

6 (66) ② (67) ②

7 (68) ③ (69) ④

8 (70) ②

● 실전 모의 테스트 3회

1 (1) 시민 (2) 수족 (3) 세상 (4) 오후 (5) 문물 (6) 불편 (7) 사방 (8) 노소 (9) 자문 (10) 전기 (11) 입장 (12) 차주 (13) 문학 (14) 등장 (15) 매일 (16) 동리 (17) 천연 (18) 식목 (19) 어학 (20) 추석 (21) 장소 (22) 좌우 (23) 시장 (24) 외식 (25) 수일 (26) 중심 (27) 식사 (28) 소년 (29) 전화 (30) 불효 (31) 하산 (32) 동해

2 (33) 있을 유 (34) 저녁 석 (35) 위 상 (36) 저자 시 (37) 설 립 (38) 매양 매 (39) 올 래 (40) 목숨 명 (41) 노래 가 (42) 움직일 동 (43) 한가지 동 (44) 인간 세 (45) 아니 부/불 (46) 물을 문 (47) 나무 목 (48) 형 형 (49) 문 문 (50) 사람 인 (51) 큰 대

3 (52) 이름난 산. (53) 거짓·허식이 없이 마음이 바르고 곧음.

4 (54) ⑩ (55) ① (56) ④ (57) ⑦ (58) ③ (59) ⑤ (60) ② (61) ⑨ (62) ⑥ (63) ⑧

5 (64) ① (65) ②

6 (66) ④ (67) ①

7 (68) ④ (69) ②

8 (70) ③

歌	家
間	江
車	工
空	口
氣	記

家 집 가		歌 노래 가	
江 강 강		間 틈·사이 간	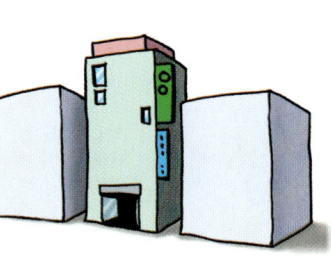
工 장인 공		車 수레 거/차	
口 입 구		空 빌 공	
記 기록할 기		氣 기운 기	

旗	男
内	農
答	道
冬	同
洞	動

男 사내 남 	旗 깃발 기 
農 농사 농 	內 안 내 
道 길 도 	答 대답할 답 
同 한가지 동 	冬 겨울 동 
動 움직일 동	洞 고을 동 

登	來
力	老
里	林
立	每
面	名

來 올 래		登 오를 등	
老 늙을 로		力 힘 력	
林 수풀 림		里 마을 리	
每 매양 매		立 설 립	
名 이름 명		面 낯 면	

文物百不算

命問方夫事

文		命	
글월 문		목숨 명	
物		問	
물건 물		물을 문	
百		方	
일백 백		모 방	
不		夫	
아닐 부/불		남편 지아비 부	
算	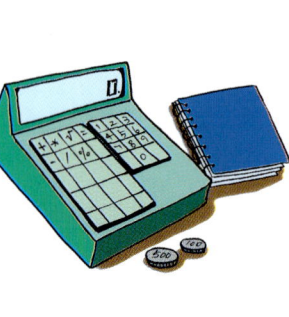	事	
셈 산		일 사	

上	色
夕	姓
世	少
所	手
數	市

色 빛 색		上 위 상	
姓 성씨 성		夕 저녁 석	
少 적을 소		世 인간 세	
手 손 수	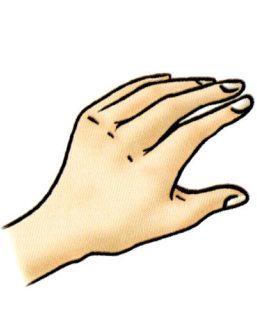	所 바/곳 소	
市 저자 시		數 셈 수	

時	食
植	心
安	語
然	午
右	有

食 먹을 밥 식		時 때 시	
心 마음 심		植 심을 식	
語 말씀 어		安 편안 안	
午 낮 오		然 그럴 연	
有 있을 유		右 오른 우	

育 入 字 場 前　邑 子 自 全 電

邑 	育 
고을 읍	기를 육

子 	入 
아들 자	들 입

自 	字 
스스로 자	글자 자

全 	場 
온전 전	마당 장

電 	前 
번개 전	앞 전

正	祖
足	左
主	住
重	地
紙	直

祖 할아버지 조상 조		正 바를 정	
左 왼 좌	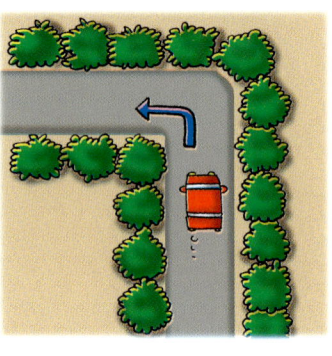	足 발 족	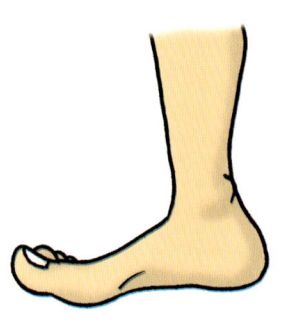
住 머무를 살 주		主 주인 주	
地 땅 지		重 무거울 중	
直 곧을 직		紙 종이 지	

川 草 秋 出 平

千 天 村 春 便

川 	千 
내 천	일천 천

草	天 
풀 초	하늘 천

秋 	村 
가을 추	마을 촌

出 	春 
날 출	봄 춘

平 	便 
평평할 평	편할 편 똥·오줌 변

下	夏
漢	海
花	話
活	孝
後	休

夏 	下 
여름 하	아래 하
海 	漢 
바다 해	한나라 물이름 한
話 	花 
말씀 화	꽃 화
孝 	活 
효도 효	살 활
休 	後 
쉴 휴	뒤 후